Kai Pannen

Ins Netz gegangen

TULIPAN VERLAG

Inhaltsverzeichnis

Mia

Ruhe vor dem Sturm

»Beee neun«, sagte Bisy, die Stubenfliege.
»Geee...«, stöhnte Karl-Heinz, der dicke fette Kreuzspinnerich, »...troffen.«
»Hihihi, jetzt hab ich dich, Ceee neun.«
»Schon wieder getroffen.«
»Hab ich mir gedacht, Deee neun.«
»Hm, getroffen natürlich.«
»Und Eee neun«, sagte Bisy mit einer Portion Schadenfreude in der Stimme.
»Nee, Leute, es ist alles nicht, wies sein sollte. Versenkt.«
Karl-Heinz war grummelig. Wieso konnte er nicht einmal beim Schiffeversenken gewinnen? »Eigentlich sollte man das auf einem Boot auch nicht spielen. Obendrein, wenn kein Land in Sicht ist. Mir wird irgendwie ein bisschen mulmig dabei.«
»Beim nächsten Mal gewinnst du bestimmt«, versuchte Bisy, seinen Kumpel zu trösten.
Die beiden waren die allerbesten Freunde und hatten schon viele Abenteuer miteinander erlebt. Karl-Heinz war seinem Freund zuliebe sogar zum Vegetarier geworden. Ungewöhnlich, betrachten Kreuzspinnen doch Stubenfliegen normalerweise als eine nette, kleine Mahlzeit für zwischendurch. Zusammen hatten sie den kalten Winter über in einem feucht-heißen Tropenhaus geschwitzt und als es endlich Frühling wurde, beschlossen sie, nach Hause in ihre gute alte Buchenhecke zurückzukehren. Doch der Weg dorthin war weit und so hatten sie sich aus allen möglichen Dingen ein kleines Segelboot zusammengezimmert. Als Rumpf diente ein alter Holzschuh, den sie vor dem Gewächshaus gefunden hatten. Ein kräftiger

Zweig für den Mast, ein verrosteter Angelhaken als Anker, eine Kiste für allerlei nützlichen Krimskrams, und die Segel hatten sie aus Bettwäsche zusammengenäht, die Karl-Heinz seiner Tante Kassandra stibitzt hatte. Vorne, da wo normalerweise die Fußspitze im Holzschuh steckt, befand sich ihre Kajüte. Doch ihr wertvollster Schatz war eine vergilbte Seekarte und ein Kompass, die sie bei einem greisen Wasserkäfer gegen Karl-Heinz' Sofa eingetauscht hatten und mit deren Hilfe sie den Weg nach Hause finden konnten.

Das Boot hatten sie auf den Namen Mia getauft und diesen in Schönschrift auf den Rumpf geschrieben. Nicht zufällig, denn Mia war auch der Name ihrer Ziehtochter, die sich mit der Zeit als Vogelspinne entpuppt hatte. Weil sie sich im Dschungel wohler fühlte als in einer Buchenhecke, war sie in dem Tropenhaus geblieben.

Voller Freude, wieder nach Hause zu kommen, waren Bisy und Karl-Heinz losgesegelt und machten anfangs gute Fahrt. Nun aber dümpelten sie seit Tagen in der Flaute herum und kamen kaum von der Stelle.

»Ich hab so Sehnsucht nach unserer Buchenhecke. Weißt du noch, wie schön unser Spinnennetz immer im Wind schaukelte?«, schwärmte Karl-Heinz.

»Und weißt du noch, wie du im Herbststurm einmal vor lauter Geschaukel von deinem Sofa gefallen bist?«, fragte Bisy.

»Jaja, mach dich nur lustig. Trotzdem, es gibt nichts Schöneres, als wieder nach Hause zu kommen. Wenn wir nach Hause kommen«, stöhnte Karl-Heinz und schnappte sich eine Banane. Sorgfältig schälte er sie und als er sie verputzt hatte, nahm er noch eine und noch eine und noch eine ...

»Ähm, findest du nicht, dass du etwas weniger essen könntest?«, fragte Bisy bei der sechsten oder siebten Banane.
»Wieso das denn? Wir haben doch mehr als genug Proviant an Bord. Außerdem bin ich ein Kreuzspinnerich und muss auf meine Figur achten.«
»Wir wissen aber nicht, wie lange wir hier noch herumdümpeln.«
»Das ist es ja gerade, es ist sooo langweilig. Und essen ist gut gegen Langeweile.«
»Wenn du so weitermachst, hat sichs bis spätestens heute Abend ausgegessen. Wir sollten uns unsere Vorräte besser einteilen.«
»Immer musst du einem den Spaß verderben. In Wirklichkeit bist du gar keine Stubenfliege, sondern eine Bremse. Eine Spaßbremse!«
»Dafür denkst du immer nur an das Eine«, konterte Bisy. »Das Leben besteht aber zufällig noch aus mehr als nur aus essen.«
»Als ob ich das nicht selber wüsste. Natürlich muss man zwischen den Mahlzeiten auch mal schlafen. Und das werde ich jetzt machen. Essen ist ja nicht gestattet«, grollte Karl-Heinz und zog sich ein Kissen über den Kopf.
Bisy seufzte über seinen beleidigten Freund und beugte sich wieder über die Seekarte. Mit Hilfe des Kompasses überprüfte er den Kurs des Bootes. Wenn erst der Wind wieder blies, kämen sie auf direktem Wege nach Hause.
Doch vorerst dümpelten sie auf dem spiegelglatten Wasser herum und leises Schnarchen zeugte davon, dass Karl-Heinz sich in seinen Mittagsschlaf verabschiedet hatte. Aus Langeweile planschte Bisy ein wenig mit den Füßen im Wasser, zurrte das Segel zurecht und legte ein paar Leinen ordentlich zusammen. Dann kletterte er den Mast empor und ließ seinen

Blick über den Horizont wandern. Er seufzte. Nichts, aber auch gar nichts als die endlose und öde Wasserfläche um sie herum. Bisy rutschte den Mast wieder hinunter, krabbelte am schlafenden Karl-Heinz vorbei und verzog sich in die Kajüte. Ein kleines Mittagsschläfchen konnte auch ihm nicht schaden. Von draußen drang leises Grummeln und Grollen an sein Ohr. »Ach, Karl-Heinz hat immer noch Hunger«, murmelte Bisy. Er mochte das dumpfe Geknurre, das der unersättliche Magen seines Freundes von sich gab. Es wirkte so schön beruhigend. Doch diesmal schien er sehr großen Hunger zu haben, denn das Grollen wurde von mal zu mal lauter. Schließlich steigerte es sich zu einem bedrohlichen Donner.

Vielleicht ging es Karl-Heinz nicht gut. War er krank? Als Bisy beunruhigt den Kopf aus der Kajüte streckte, bemerkte er das drohende Unheil. Dunkle Wolken türmten sich über ihrem Boot und schienen nach ihnen greifen zu wollen.

»Karl-Heinz, aufwachen! Ich fürchte, die Flaute ist gleich vorbei!«

Stürmische Zeiten

»Neiiin, nicht die Bananen!«, stöhnte Karl-Heinz durch den fauchenden Wind. Eine mächtige Welle war über das Boot gerollt und hatte sämtliche Bananen mit sich gerissen. »Was sollen wir denn jetzt essen?«

»Wie kannst du jetzt ans Essen denken? Spann lieber noch ein paar Taue, bevor der Mast bricht. Sonst sind wir auch gleich bei den Bananen!«, rief Bisy.

»Ich kann gerade keine Schnüre spannen. Mir ist spinneelend von dem Geschaukel.« Pitschnass und durchgefroren klammerte sich Karl-Heinz, ganz grün im Gesicht, am Bootsrand fest und versuchte, nicht das gleiche Schicksal zu erleiden wie die Bananen. Immer wieder rollten neue, größere Wellen heran. Hoch und runter schaukelten sie auf den Wogen wie auf einer Achterbahn. Bisy umklammerte mit aller Kraft das Ruder und stemmte das Boot gegen die Wellen, die eine nach der anderen über das Deck schwappten und alles mit sich rissen, was nicht niet- und nagelfest war. Jedesmal mussten sie die Luft anhalten, bis die Fluten den Blick auf das Deck wieder freigaben.

»Neiiin, nicht unsere Karte, nicht der Kompass!«, gurgelte Bisy, als die nächste Woge sie einfach mit sich fortriss. »Wie sollen wir denn je wieder nach Hause finden?«

»Ist doch jetzt auch egal. Wir gehen ja sowieso unter. Bisy, mir ist schlecht! Ich muss gleich ...«

Weiter kam Karl-Heinz nicht, denn schon schlug die nächste Welle über das Boot.

Er hielt die Luft an, und als das Wasser wieder abgelaufen war, erblickte er das Ruder, das herrenlos von einer Seite zur anderen pendelte.

»Bisy? Wo bist du?«, rief er und suchte hektisch das Bootsdeck ab. Keine Spur von Bisy. Hatte die Welle seinen Kumpel über Bord gerissen? Wie ein großer Ball kullerte Karl-Heinz auf den Planken herum und verstrickte sich immer mehr in seiner Leine, mit der er sich am Mast angebunden hatte.
Endlich bekam er die Reling zu fassen und suchte verzweifelt die Wellen ab. Doch Bisy war nirgends zu entdecken.
»Schnell, zieh den Anker ein«, hörte er plötzlich Bisy rufen. Karl-Heinz stürmte nach vorne, die Ankerleine war tatsächlich ganz abgewickelt und verlor sich in den Fluten. Karl-Heinz kurbelte so schnell er konnte, vielleicht hing sein Freund ja am Haken. Schließlich landete der prustende und hustende Bisy samt Anker in hohem Bogen im Boot. Erschöpft klammerte er sich an den Mast, spuckte eine Menge Wasser aus und japste: »Danke, Karl-Heinz, dass du mich da rausgeangelt hast. Um ein Haar hätte mich so ein fetter Fisch erwischt. Der war mindestens dreimal so groß wie das Boot.«
Karl-Heinz wurde es Angst und Bange. Was, wenn er Bisy samt dem Anker verschluckt hätte? Wäre das Boot mit in die Tiefe gezogen worden? Oder hätte er am Ende einen Fisch an Deck liegen, der wirklich dreimal so groß wie das Boot war? So oder so eine schreckliche Vorstellung. Allerdings musste er eine Sache klären: »Ähm, was genau sind Fische?«
»Das weißt du nicht?«
»Woher denn? Ich hatte jedenfalls noch keinen im Netz und glaub...blubb-blubb...«
Schon schlug die nächste Welle über Bord, die Karl-Heinz die Antwort auf seine Frage liefern sollte. Als das Wasser abfloss, zappelte ein silbrig schimmerndes

Wesen an Deck und in der nächsten Sekunde hatten sie sich auch schon in der Kajüte verschanzt.

»Was ist das denn für ein Monster?«, krächzte Karl-Heinz.

»Das ist der Fisch, der hinter mir her war!«, schnaufte Bisy.

»Soso, dreimal so groß wie das Boot also«, höhnte Karl-Heinz.

»Na ja, ein bisschen Übertreibung gehört beim Angeln doch dazu, oder?«, sagte Bisy.

Durch das Bullauge betrachteten sie den zappelnden Fisch, der sie ohne zu blinzeln mit seinen großen Augen anstarrte. Sein Mund ging auf und zu, brachte aber keinen Ton heraus.

»Einen richtig gefährlichen Eindruck macht er eigentlich nicht«, meinte Bisy.

»Bestimmt nur ein Trick, damit wir aus der Kajüte kommen. Und dann, happs, weg sind wir«, vermutete Karl-Heinz.

»Nee, ich glaube, dem gehts nicht so gut hier oben an der Luft«, erwiderte Bisy.

»Geschieht ihm recht. Dann sieht er mal, wie sich das anfühlt, wenn man sich auf der falschen Seite der Wasseroberfläche befindet«, knurrte Karl-Heinz. »Wehrlose Fliegen essen wollen, so ein Schuft!«

»So was wäre dir ja nie in den Sinn gekommen, stimmts?«, stichelte Bisy und erinnerte sich an die Zeit, als er noch der Weihnachtsbraten von Karl-Heinz gewesen war. »Hier an Deck wird er über kurz oder lang ersticken.«

»Wenn er sowieso stirbt, könnten wir ihn ja eigentlich auch essen. Schließlich haben wir keine Bananen mehr«, überlegte Karl-Heinz laut und fügte eilig hinzu: »War ein Scherz.«

»Er wird auch sterben, wenn wir ihn nicht ins Wasser befördern.«

»Ich pack den nicht an, niemals. Der sieht glitschig aus.«

»Sieh an, die gefährliche Kreuzspinne. Ihn essen wollen, aber zu ängstlich, ihn anzufassen«, stichelte Bisy.
Karl-Heinz stöhnte. Immer sollte er die mutige Kreuzspinne sein. Dabei war ihm gerade viel eher wie einer Muschel zumute. Schalen fest zuklappen und abwarten, bis sich die Sache von selbst erledigt hätte. Doch was blieb ihm anderes übrig, er stemmte die Tür der Kajüte auf. Gerade wieder draußen an Deck, überraschte sie eine neue Welle. Mit knapper Not klammerten sie sich an der Reling fest und hielten die Luft an. Für einen Moment wurde das schrille Pfeifen des Windes von gedämpftem Unterwasser-Geblubber abgelöst. Gleichzeitig ertönte eine Art freundlicher Gesang: »Lebt wohl. Und nett von euch, dass ihr mich nicht verspeist habt.«
Schon tauchte das Boot wieder aus der Welle auf, und als das Wasser abgelaufen war, konnten sie keinen Fisch mehr an Deck entdecken.

Fliegen fliegen, Spinnen fischen

Schließlich legte sich der Sturm, der Himmel klarte auf und eine frische Brise füllte das Segel.

»Juchhu, wir haben es geschafft. Und wir fahren wieder!«, jubelte Bisy.

Doch Karl-Heinz hatte schlechte Laune und grummelte: »Ich hab Hunger! Das hat man nun davon, wenn man nicht sofort alles aufisst. Jetzt sind die Bananen bei dem Fisch.«

»Vergiss die Bananen, wir haben bestimmt bald wieder Land in Sicht und dann gibt es ordentlich was zwischen die Kiemen«, beruhigte Bisy seinen Freund. Doch so recht war auch er davon nicht überzeugt. Ohne Kompass und Karte segelten sie ziellos umher und Karl-Heinz' Laune wurde immer schlechter.

»Karl-Heinz, du hattest ja recht, du hättest sie essen sollen. Was man hat, das hat man. Aber wie sollte ich ahnen, dass wir in einen Sturm geraten?«

Kein Wort vom Spinnerich.

»Glaubst du etwa, ich habe keinen Hunger?«, versuchte Bisy, seinen Kumpel zu besänftigen.

Schweigen.

Bisy wühlte in seiner Jackentasche. »Hatte ich da nicht noch einen Keks? Den kannst du gerne haben.«

Keks! Karl-Heinz' Magen machte einen kleinen Hüpfer. Aus dem Augenwinkel blickte er zu seinem Freund hinüber. Doch der förderte nur ein paar aufgeweichte Krümel und Flusen zutage.

»Sehr lecker«, brummte Karl-Heinz knapp.

»Karl-Heinz, bitte. Lass uns wieder vertragen«, bettelte Bisy, bekam aber nichts als ein »Pfff« zur Antwort. »Und wenn ich mal schaue, ob ich irgendwo was zu essen finde?«

Karl-Heinz hob den Kopf und suchte betont langsam den Horizont ab. »Hier wimmelt es ja geradezu von Supermärkten.«
»Haha, lustig. Aber ich kann doch mal rumfliegen. Von da oben hab ich einen besseren Überblick als von hier unten.«
»Hm«, brummte Karl-Heinz, schien die Idee aber gar nicht so schlecht zu finden.
»Soll ich?«
»Mach doch, was du willst. Aber bleib nicht so lange weg, ja?«
»Keine Sorge. Nur ein kleiner Aufklärungsflug«, versprach Bisy und flog langsam davon.
Verstohlen blickte Karl-Heinz seinem Freund hinterher, der in der Ferne immer kleiner wurde und schließlich ganz verschwand. Und sofort wünschte er sich Bisy zurück. Nur er, einsam und allein auf dem kleinen Boot, und um ihn herum nichts als endloses Wasser. Das war ihm alles andere als geheuer. Er schnappte sich ein Buch, doch nach ein paar Zeilen klappte er es wieder zu. Er versuchte, ein bisschen zu schlafen. Zwecklos. Und am Himmel war noch immer nichts zu entdecken.
»So langsam müsste Bisy doch zurückkommen.«
Und wenn er wieder so einem gruseligen Fisch begegnet war? Unmöglich, die lebten ja zum Glück unter Wasser. Oder gab es vielleicht sogar fliegende Fische? Die Natur ließ sich ja die verrücktesten Sachen einfallen. Karl-Heinz seufzte, er hätte seinen Freund nicht davonflattern lassen dürfen.
»Aber was soll man machen, eine Fliege muss fliegen. Und eine Spinne sitzt im Netz.«

Netz? Ein Netz, natürlich! Das war die Idee!
»Das funktioniert doch bestimmt auch unter Wasser!«, murmelte Karl-Heinz. Vielleicht würde er so seine Bananen wieder auffischen. Er kramte ein großes Knäuel Spinnfaden aus seiner Hosentasche und machte sich sofort an die Arbeit. Mit jeder Masche, die er knüpfte, hellte sich seine Stimmung auf. Kurz darauf warf er sein funkelnagelneues Netz aus und durchpflügte damit die Fluten.
»Wie lange so ein Netz wohl im Wasser bleiben muss?«, fragte er sich. Eine Minute war bestimmt schon vergangen. Oder auch zwei? Er wartete. »Wenn eine Spinne eines kann, dann ist es warten. Schließlich bin ich ein geduldiger Spinnerich. Und nicht so eine ungeduldige Fliege wie Bisy«, überlegte Karl-Heinz laut.
Weiter starrte er in die Wellen hinter dem Boot und malte sich aus, was er in seinem prall gefüllten Netz an Bord ziehen würde. Natürlich hatte er nicht die geringste Ahnung, was sich darin verfangen könnte. Aber bestimmt gab es unter Wasser die köstlichsten Dinge. Schließlich schwammen irgendwo auch seine Bananen herum, warum sollten dann nicht noch andere Früchte herumtreiben?

»Salat mit Meeresfrüchten, das wäre jetzt genau das Richtige«, schwärmte er. Voller Vorfreude beobachtete er die Wellen hinter dem Boot, als ihn plötzlich ein böser Gedanke durchfuhr. »Und was, wenn sich dieser grässliche Fisch im Netz verfängt?« Was sollte er mit diesem glitschigen Monster anfangen? Hastig schnappte er sich das Netz und zog es so schnell er konnte wieder an Bord. Erleichtert stellte er fest, dass sich anscheinend kein Fisch verfangen hatte, aber auch nichts Essbares befand sich darin. Doch als er den Rest eingezogen hatte, schimmerte ihm etwas Glänzendes durch die Maschen entgegen. Karl-Heinz stöhnte, jetzt hatte er tatsächlich den Fisch im Netz. Wieso zappelte der nicht? Und war er nicht wesentlich kleiner als der Fisch, den sie nicht gegessen hatten? Vorsichtig betrachtete er seine Beute aus der Nähe. »Unmöglich, was die Leute alles wegwerfen, sogar mitten im Nichts findet man noch ihren Müll«, maulte er verärgert und zog eine Flasche aus den Maschen. Und darin war nichts als ein aufgerolltes Stück vergilbtes Papier.

Flaschenpost

Zuerst kündete ein leises Summen, dann ein kraftloses Fluchen von Bisys Rückkehr. Völlig erschöpft hing er in dem Netz, das Karl-Heinz aufgehängt hatte, um sich etwas sicherer zu fühlen.
»Karl-Heinz, muss das sein? Du kannst hier doch nicht einfach so ein Netz aufspannen«, schimpfte Bisy.
»Oh, hab ich zum Trocknen aufgehängt. Tschuldigung, war nicht persönlich gemeint«, sagte der Spinnerich und knüpfte seinen Kumpel aus den Maschen. »Und? Was hast du zu essen gefunden?«
Bisy musste erst zu Atem kommen, bevor er antworten konnte. »Leider nichts. Da ist nur Wasser, so weit das Auge reicht«, japste er.
»Vielleicht sollten wir doch die Krümel aus deiner Jackentasche essen. Besser als nichts«, schlug Karl-Heinz vor.
Bisy sah sich verlegen auf die Finger. »Hab ich alle schon verputzt«, gestand er.
Karl-Heinz zuckte zusammen. »Mir das Essen verbieten, aber selber den letzten Krümel wegmampfen. Du bist ja ein toller Freund!«
»War nicht lecker, ich hab immer noch Flusen zwischen den Zähnen. Aber ohne die Krümel hätte ich es nicht zurückgeschafft«, versuchte Bisy sich zu entschuldigen.
»Hättest halt hierbleiben und mir beim Fischen helfen sollen. Dann hätten wir die Krümel gemeinsam essen können.«
»Du hast geangelt? Du wirst doch nicht etwa heimlich einen Fisch gefuttert haben?«
»Ich bin Vegetarier«, antwortete Karl-Heinz.

»Heißt nichts, viele Vegetarier essen Fisch.«
»Selbst wenn. Mir ist nur eine Flasche ins Netz gegangen.«
»Eine Flasche? Mit Limonade?«, freute sich Bisy.
»Nee, bloß mit einem Zettel drin.«
»Hm«, seufzte Bisy enttäuscht. »Zeig mal her.«
»Du weißt doch, wie eine Pulle aussieht.«
»Die interessiert mich nicht, ich will mir den Zettel mal ansehen.«
Karl-Heinz rollte die Flasche über das Deck hinüber zu Bisy.
»Ich habs geahnt«, sagte Bisy und wischte ein paar Algen von der Flasche ab. »Eine Flaschenpost.« Neugierig zog er den Korken und schüttelte dann die kleine Papierrolle heraus.
»Ist das wenigstens Esspapier?«, fragte Karl-Heinz hoffnungsvoll.
»Nee, viel besser. Sieht aus wie eine Karte«, sagte Bisy und starrte dann wieder auf das Stück Papier. »Ich werd verrückt, eine alte Schatzkarte!«
Aufmerksam studierten sie die Zeichnung. Es war eine Insel, mit genauen Angaben, auf welchem Kurs sie zu erreichen war. Die gesamte Küste fiel steil und abweisend ins Meer ab. Nur über einen Strand in einer kleinen Bucht konnte man an Land gelangen. Eine Nebelwand hielt die Bucht vor unerwünschten Blicken verborgen. Vom Strand aus schlängelte sich eine gestrichelte Linie durchs Unterholz ins Landesinnere.
»*Der Pfad zum Schatz der Könige*«, las Bisy.
Dumm nur, dass anscheinend ein Stück der Karte fehlte, denn der Weg endete an einer abgerissenen Kante.
»Was nutzt uns schon eine halbe Schatzkarte?«, fragte Karl-Heinz enttäuscht.
»Wenigstens kennen wir schon mal den Weg zur Insel.

Und wenn wir erst da sind, werden wir den Schatz bestimmt finden«, sagte Bisy.
Karl-Heinz überlegte kurz. »Weißt du, was das bedeutet, wenn wir ihn erst haben? So viel Essen kaufen, wie wir wollen.«
»Und Bücher, einen neuen Anzug ...«
»Stell dir mal vor, ein Netz aus goldenen Fäden, ein Sofa, so groß, dass meine ganze Familie darauf Platz fände.«
»Etwa auch Tante Kassandra?«, fragte Bisy verwundert.
»Die natürlich nicht. Ich meinte ja nur, so groß soll es sein. Für mich allein natürlich.«
Bisy blickte seinen Freund enttäuscht an.

»Na ganz allein für mich und dich«, ergänzte Karl-Heinz.
»Und zwischendurch fliegen wir gemeinsam durch den Garten, über Wiesen und Blumenbeete, machen einen Abstecher in einen Kuhstall ...«
»Moment mal. Ich fliege nicht, hast du das vergessen? Außerdem muss ich ja mein goldenes Netz bewachen. Da bleibe ich lieber auf meinem Sofa und bestelle mir Pizza, Burger, Pommes, Eis, Kekse ... Das pure Glück!«
»Für mich wäre das pure Glück, gemeinsam mit meinem besten Freund zu fliegen. Komm schon, tu mir den Gefallen«, sagte Bisy.
»Dann muss das aber ein Superluxusriesenflugzeug sein. So groß, dass ich gar nicht merke, wie wir fliegen«, erwiderte Karl-Heinz.
»Ein Flugzeug, so riesig, dass du darin ein gemütliches Netz spannen kannst. Mit Sofa und Tausend Kissen und allem Pipapo.«
»Und dann jetten wir von einem Feinkostladen zum nächsten«, träumte Karl-Heinz weiter.
Sie schwelgten noch eine ganze Weile in ihren Fantasien von unermesslichem Reichtum und Glück. Doch plötzlich kam Bisy ein Gedanke. »Was nutzt uns diese Karte eigentlich, wenn wir keinen Kompass haben?«
Mit dieser Frage fiel ihr ganzes wunderbares Fantasieschloss wieder in sich zusammen.
»Wäre ja auch zu schön gewesen«, grummelte Karl-Heinz.
Mutlos legten sie die Karte beiseite und fuhren weiter richtungslos über das endlose Wasser. Bis das Boot plötzlich mit einem kräftigen RUMMS zum Stehen kam und sie quer über das Deck kullerten.

»Jetzt hat er uns, der Fisch«, jaulte Karl-Heinz. »Das ist bestimmt seine Rache, dass ich das Netz ausgeworfen habe.«

Vorsichtig krabbelte Bisy nach vorne und beugte sich über den Bootsrand. »Nee, das ist kein Fisch. Das ist ein Felsen.«

»Ist das da ein Boot? So was hab ich ja noch nie gesehen«, blubberte der Felsen.

Und Bisy ergänzte: »Ein sprechender Felsen.«

Gefiltert, geschluckt und ausgespuckt

»Nee, Leute … ein Stein, der sprechen kann«, stöhnte Karl-Heinz. »Es ist alles nicht, wies sein …«
»Hey, ihr beiden, im Ernst jetzt, Steine können nicht sprechen«, sagte die Stimme.
»Ich höre aber eindeutig eine Stimme. Vom Stein«, sagte Bisy.
»Ach ja, wer sieht schon uns graue Mollusken. Ihr müsst genauer hinschauen!«
Sie schauten genauer hin und endlich entdeckten sie so etwas wie eine krumpelige Muschelschale, die an den Felsen geheftet war. Durch einen schmalen Spalt zwischen den Schalen blickte ihnen ein einzelnes Auge entgegen.
»Ich darf mich vorstellen? Nora mein Name. Nur mal so 'ne Frage. Seid ihr Pflanzen- oder Fleischfresser?«

»Wir bevorzugen pflanzliche Kost«, antwortete Bisy.
»Ah, ein Glück«, blubberte Nora und öffnete ihre Schale ein wenig mehr. So krumpelig die von außen anzusehen war, so schön und glatt war die silbrig schimmernde Oberfläche in ihrem Inneren. Darin sahen Bisy und Karl-Heinz ihren etwas unförmigen Körper liegen. So was hatten sie noch nie gesehen.
»Und du? Wovon ernährst du dich so?«, fragte Bisy.
»Na ja, von dem, was so kommt. Mein Ernährungsprinzip lautet: Warten, filtern, schlucken, spucken und gucken, was sonst noch so alles im Wasser treibt.«
»Und davon kann man satt werden?«, wunderte sich Karl-Heinz.
»Mal so und mal so. Meistens esse ich den ganzen Tag.«
Dem Prinzip konnte Karl-Heinz einiges abgewinnen. Warten und essen war schließlich auch sein Motto.
»Im Moment bin ich pappsatt. Hab noch jede Menge von solchen gelben, länglichen Dingern im Bauch. So was hab ich noch nie aus dem Wasser gefiltert.«
»Du hast doch nicht etwa all meine Bananen aufgefuttert?«, jaulte Karl-Heinz auf.
»Nicht gefuttert. Gefiltert, geschluckt und den Rest wieder ausgespuckt, ne?«, korrigierte Nora und spie wie zum Beweis eine Bananenschale aus.
»Du hättest wenigstens fragen können«, knurrte Karl-Heinz.
»Wen denn? Als ob sich jemals jemand hierherverirren würde.«
»Na ja, jetzt haben zumindest wir uns hierherverirrt. Und verirren ist genau der richtige Ausdruck«, sagte Bisy.
»Ihr habts gut. Ich habe mich noch nie verirrt. Höchstens verschluckt«, meinte Nora.
»Dann kennst du dich also gut aus hier in der Gegend?«, fragte Bisy hoffnungsvoll.

»Kein bisschen. Ich klebe schon mein ganzes Leben an diesem Felsen. Und werde das wohl auch für den Rest meines Leben so tun.«

»Das muss ja schrecklich langweilig sein.«

»Oh ja, schrecklich langweilig. Aber ich bin eine Auster und als Auster klebt man halt fest. Das ist unsere Natur, nicht wahr?«, stöhnte Nora voller Selbstmitleid.

»Gibt Schlimmeres. Hauptsache genug zu essen«, warf Karl-Heinz ein.

»Wenn ichs mir wenigstens aussuchen könnte. Ich muss filtern und schlucken, was das Wasser mit sich schwemmt. Und manche Sachen liegen echt schwer im Magen«, blubberte die Auster und gab einen lauten Rülpser von sich. »Tschuldigung, aber ich muss echt was Falsches gegessen haben.«

»Genau, meine Bananen«, grollte Karl-Heinz.

»Das mein ich nicht, die waren lecker. Irgendwas Hartes, Klotziges«, stöhnte sie und musste erneut aufstoßen, diesmal sogar noch heftiger. Ein kurzer Krampf, ein lautes Bauchgrummeln und die Auster spie in hohem Bogen einen Gegenstand aus, der hart auf dem Bootsdeck landete. »Puh, jetzt gehts mir besser«, seufzte sie erleichtert.

Neugierig betrachteten Bisy und Karl-Heinz den klotzigen Auswurf.

»Ich fass es nicht. Das ist ja unser Kompass!«, sagte Bisy und hielt kurz inne. »Wir haben eine Schatzkarte und wie durch ein Wunder jetzt auch wieder einen Kompass. Also nichts wie los.«

»Ach, ihr habts gut. Ihr könnt in der Welt herumsegeln. Wie gerne würde ich das auch mal erleben. Stattdessen klebe ich hier am Stein und kann mir das Genörgel von Aron anhören«, sagte Nora und zog traurig ihre Schalen zusammen.

Nachdenklich betrachteten Bisy und Karl-Heinz die verschlossene Auster.

»Und wenn wir sie einfach mitnehmen? Vielleicht filtert sie ja noch andere nützliche Gegenstände aus dem Wasser«, überlegte Bisy laut.

»Ich weiß nicht. Kriegt man die denn überhaupt ab von ihrem Felsen? Und wer sagt, dass sie nicht bei diesem äh, Aron bleiben will?«, entgegnete Karl-Heinz.

Aron und Nora

Es war gar nicht so einfach, die einsame Auster vom Felsen abzuruckeln. Als es ihnen schließlich doch noch gelang, ließen sie das Schalentier mit einem kräftgen Faden außen an der Bordwand baumeln, sodass es halb im Wasser hing. Eine steife Brise trieb das Boot ordentlich voran, dem verheißungsvollen Schatz entgegen. Zufrieden lauschten sie den gluckernden Bugwellen, doch schon nach kurzer Zeit mischte sich ein missmutiges Gemurmel darunter.

»Wär ich mal an meinem Felsen geblieben«, nörgelte die Auster. »Ekelhaft, dieses Wasser hier.« Kurzes Schweigen und Blubbern. »Wenn dieses nervige Herumgewackel nur nicht wäre.« Und weiter: »Wahnsinnig entwürdigend, hier an einem Boot zu schaukeln.«

Bisy und Karl-Heinz wunderten sich über den plötzlichen Stimmungswandel der Auster.

»Vielleicht war es doch keine so gute Idee, die Muschel mitzunehmen«, sagte Karl-Heinz.

»Wieso motzt sie denn plötzlich so?«, wunderte sich Bisy und beugte sich über die Reling. »Wir dachten, dass du dich freust, wenn du mal ein bisschen was von der Welt siehst.«

»Soso, darüber soll ich mich also freuen. Und was hab ich davon? Ist doch sowieso überall dasselbe.«
»Stimmt ja gar nicht. Es gibt so viel zu entdecken, wenn man die Augen aufhält«, sagte Bisy.
»DAS Auge. Ich hab nämlich nur eins«, nölte die Auster.
»Die Muschel hat recht. Ich hab sogar drei Augen und seh auch nichts anderes als Wasser«, brummte Karl-Heinz vor sich hin.
»Ist ja auch egal. Vorhin wolltest du mitkommen und damit wirst du jetzt leben müssen«, beendete Bisy das Genörgel.
»Ich heiße übrigens Bisy Stubenfliege …«
»… Karl-Heinz Kreuzspinne, hallo.«
»Aron Auster, wenn ihrs wissen wollt«, nuschelte die Auster.
»Ah, du bist das. Ihr seid zu zweit in der Schale?«, fragte Karl-Heinz.
»Wie mans nimmt. Ich kann mein Geschlecht wechseln. Wie es mir gefällt. Mal bin ich Aron, mal Nora. Das ist wenigstens ein bisschen Abwechslung. Und wir erzählen uns immer Geschichten, mal Nora mir und mal ich Nora.«
»Wie romantisch«, bemerkte Bisy.
»Nicht war? Aber meine Geschichten sind besser, finde ich.«
»Und ihr geht euch nicht auf die Nerven in so einer engen Schale? Oder sogar im gleichen Körper, wenn ich das richtig verstanden habe?«, wollte Karl-Heinz wissen.
»Und wie. Doch immer wenn ich mich als Aron nicht mehr ertragen kann, werde ich schnell zu Nora und umgekehrt. So gibts eigentlich nie Streit zwischen uns.«
Plötzlich zog Aron seine Schalen zusammen und zwei aufgeregte Stimmen drangen dumpf aus dem Inneren nach außen. Kurz darauf klappte die Muschel wieder auf.
»Hey, ihr beiden. Entschuldigt bitte, ich hätte euch Aron vorstellen müssen. Er ist gerade in etwas gedämpfter Stimmung.

Ich hoffe, er hat euch nicht die Laune verdorben, das kann er nämlich gut«, sagte die Auster, die jetzt wieder Nora war.
»Ich bin euch ja so dankbar, dass ihr mich mitgenommen habt«, jubelte sie. »Wow, hier war ich noch nie!«
»Soso, das ist ja ein Ding«, grummelte Karl-Heinz.
»Wahnsinn, hier war ich auch noch nie«, kam es erneut, nachdem sie etwa dreißig Zentimeter zurückgelegt hatten.
»Jetzt gucke sich einer diese Gegend an, der Hammer. Hier bin ich in meinem ganzen Leben noch nicht gewesen!«
»Hätte ich nicht gedacht«, stöhnte Bisy.
»Krass, dass ich hier noch mal hinkomme.«
»Lass mich raten, hier warst du auch noch nie, oder?«, vermutete Karl-Heinz.
»Ganz genau. Und hier bin ich auch zum ersten Mal.«
Die Auster war völlig aus dem Häuschen, oder besser gesagt, hing sie weit aus ihrer Schale heraus und ihre Begeisterung steigerte sich mit jedem weiteren Meter, den sie vorankamen.
»Und ob ihrs glaubt oder nicht, hier bin ich auch noch nie gewesen!«

Der einsame Büsum

»Wirst du wohl immer noch mein Freund sein, wenn wir den Schatz gefunden haben?«, überlegte Bisy laut.
»Na klar, was glaubst denn du? Vielleicht schenke ich dir sogar einen Kuhfladen. Aus purem Gold. Darauf kannst du dann Party machen«, fantasierte Karl-Heinz.
»Und ich lade dich immer dazu ein. Da lernst du eine Menge netter Leute kennen.«
»Hm, wenns sein muss. Dann schenke ich jedem eine Goldmünze.«
»Sie werden dich lieben«, schwärmte Bisy.
»Na, wenn ihr meint«, meldete sich nun wieder Aron zu Wort. »Ich wäre mir da nicht so sicher. Vielleicht werden sie auch nur neidisch auf euren Reichtum.«
»Du willst uns unseren Schatz ja einfach nur miesmachen«, grummelte Karl-Heinz. »Eigentlich bist du gar keine Auster, du bist viel eher eine Miesmuschel.«
»Pfff, als ob. Wir Austern sind was Besonderes. Schon meine Vorfahren verkehrten nur in den besten Restaurants und auch unsere Perlen sind heiß begehrt«, entrüstete sich Aron.
»Stimmt, meine Tante Kassandra hütet ihre Perlenkette wie einen Schatz«, erinnerte sich Karl-Heinz. »Sie traut sich kaum aus dem Netz, wenn sie sie umhat.«
»Da siehst dus. So ein Schatz macht einsam«, sagte Aron. »Es gibt ja auch immer welche, die den genauso haben wollen. Jaja. So erging es übrigens auch Büsum.« Dann erzählte er eine Geschichte: »Büsum war eine fröhliche, allseits beliebte Auster und wohnte an einem hübschen Felsen umgeben von vielen anderen Austern. Die Wellen trugen immer reichlich

Nahrung heran und so fehlte es ihnen an nichts. Ihre Schalen standen weit offen und sie plauderten gut gelaunt kreuz und quer und hin und her.

Eines Tages spürte Büsum ein merkwürdiges Drücken in seinem Bauch. Zuerst machten sich alle Sorgen, auch weil das Drücken immer stärker wurde. Doch plötzlich purzelte eine wunderschöne Perle aus ihm heraus. Groß war die Erleichterung, als das Drücken vorbei war, und alle bewunderten ihn dafür, dass er etwas so Schönes hervorgebracht hatte. Büsum war sehr stolz auf seine Perle und betrachtete immer wieder ihren wunderbaren Glanz.

Kurz darauf ging es von vorne los. Wieder das merkwürdige Bauchdrücken, es wurde schlimmer und schließlich spuckte er die nächste Perle aus. Und wieder und wieder und wieder. Büsums Perlenschatz wuchs von Tag zu Tag. Die anderen verspürten immer weniger Mitleid mit ihm und meinten, er solle sich nicht so anstellen wegen des bisschen Bauchwehs. Wie gerne nähme man das in Kauf, wenn man dafür mit so wertvollen Perlen entlohnt würde. Weil sie aber selber nicht mit dieser Fähigkeit ausgestattet waren, wurden die Austern immer neidischer. Manche suchten Büsums Freundschaft in der Hoffnung, eine Perle geschenkt zu bekommen, andere bettelten und wieder andere wollten ihn gar bestehlen. Aber es war allein sein Schatz und er liebte jede einzelne seiner Perlen. So kam es,

dass Büsum sich mehr und mehr in seine Schale zurückzog und sie schließlich für immer verschlossen hielt.
Mit den Jahren vergaßen die Austern ihren alten Kumpel. Kaum jemand beachtete noch die versiegelte Muschel. Doch das konnte Büsum nur recht sein. Was interessierten ihn die anderen Austern? Er schwelgte in seinen geliebten Perlen und es wurden immer mehr. So lebte er viele Jahre, und als er hochbetagt in seiner Muschelschale starb, war er die wohl reichste Auster der Welt.«
»Das ist aber eine traurige Geschichte«, sagte Karl-Heinz. »So reich und so einsam.«
Mit einem Mal klappte Arons Schale zu und kurz darauf meldete sich Nora zu Wort. »Hat er euch die Geschichte von diesem Büsum erzählt? Die geht nämlich eigentlich ganz anders. Büsum hatte tatsächlich als einzige Auster die Fähigkeit, Perlen zu gebären. Die anderen bewunderten ihn dafür und waren ein bisschen traurig, dass sie so etwas Schönes nicht hervorbringen konnten. Aus Mitleid und auch, weil er nicht wusste, was er mit so vielen Perlen anfangen sollte, beschenkte er jede Auster um ihn herum mit seinen Perlen. Schließlich kamen ja ständig neue dazu. Mochten die Perlen auch noch so schön glänzen, war es doch das größte Geschenk für Büsum, so viel Freude zu bereiten. Und so lebte er ein glückliches Leben zusammen mit seinen Freunden.«

Gemeinsam einsam

»Puuuh, wie lange noch?«, stöhnte Karl-Heinz.
Es konnte noch ewig dauern, bis sie die Schatzinsel erreichen würden. Seit Stunden lagen sie nun schon an Deck in der Sonne und schauten in den Himmel.
»Keine Ahnung, wie weit es noch ist. Wenigstens wissen wir, in welche Richtung wir fahren müssen«, antwortete Bisy.
»Wenn ich geahnt hätte, wie langweilig so eine Schifffahrt ist …«, brummte Karl-Heinz.
»Du bist doch Weltmeister im Abwarten, dass die Dinge auf dich zukommen«, wunderte sich Bisy.
»Im gemütlichen Netz in der Buchenhecke vielleicht, aber nicht in einem schaukelnden Holzschuh.«
Schweigend betrachteten sie die Wolken, die weiß und bauschig über den blauen Himmel glitten.
»Guck mal, die da sieht aus wie ein Fisch«, sagte Bisy.
»Ist ja gruselig. Die sollen mal schön da unter Wasser bleiben«, brummte Karl-Heinz. »Aber schau mal, dahinter die Wolke ist eine Libelle, die ihn gerade fressen will.«
»Und da flattert ein Schmetterling!«
»Na ja, ist wohl eher eine Motte«, sagte Karl-Heinz und kicherte.

Ganz in die Betrachtung ihres Wolkenzoos vertieft, vergaßen sie Zeit und Ort, bis das leise Gemurmel von Nora sie in die Wirklichkeit zurückholte.

»Hmmm, njam, njam. Filtern, kauen, schlucken. Köstlich«, schwärmte die Auster, während draußen das Fahrwasser ihre Schale flutete.

»Das hätte sie nicht sagen dürfen. Jetzt hab ich Hunger«, jaulte Karl-Heinz.

»Denk nicht dran, lass uns lieber weiter in die Wolken gucken.«

Karl-Heinz seufzte. Bisy hatte ja recht. Doch vom Hunger getrieben, sah er nun keine weiteren Wolkentiere mehr, sondern »Sahnetorte mit einer großen Himbeere darauf« oder »Drei Kugeln Eis in der Waffel« oder »Spaghetti mit Tomatensoße«.

»Häh, wie kann denn eine Wolke wie Spaghetti mit Tomatensoße aussehen?«, wunderte sich Bisy, fing aber ebenfalls an zu schwärmen. »Und da hinten, ein leckerer Pfannkuchen, wie Oma Ottilia ihn immer für uns backt.«

»Und da, die köstlichen Spiegeleier mit Honig-Senf-Dressing von meiner Tante Kassandra.«

»Hör auf, ich sterbe noch vor Hunger«, stöhnte Bisy.
»Für ihren Waldbeerkuchen würde ich sie sogar hier auf dem Boot ertragen.«
»Jetzt übertreibst du aber ein bisschen.«
»War auch nicht so ernst gemeint. Tante Kassandra wäre die Letzte, die ich mir hierherwünschen würde.«
»Aber einsam ist es schon auf so einer Seefahrt«, sagte Bisy.
»Reicht dir meine Gesellschaft etwa nicht?«
»Doch natürlich. Mit niemand anderem wollte ich eine solche Seefahrt machen. Fliegen-Ehrenwort!«
»Hm. Und wieso wolltest du dann Aron und Nora ins Schlepptau nehmen? Anscheinend war ich dir wohl doch nicht genug.«
»Ach, komm schon, die beiden sind doch eher verschlossen und sie waren auch schon zweimal ganz nützlich.«
»Und einmal haben sie meine Bananen verputzt. Gar nicht nützlich. Außerdem ist sie voll lästig, diese nervige Doppelmuschel.«
»Das hab ich genau gehört. Ihr könnt mich gerne wieder irgendwo anheften. Ich komme auch sehr gut alleine klar«, beschwerte sich Aron.
»Da hörst dus. Er verbreitet nur schlechte Laune«, brummte Karl-Heinz.
»Aber Nora ist doch echt unterhaltsam«, sagte Bisy.
»Aha, du findest sie also unterhaltsam. Dann bin ich dir wohl zu langweilig. Dir reicht meine Gesellschaft also doch nicht!«
»Jetzt nerv hier nicht rum. Natürlich reicht mir deine Gesellschaft. Ich könnte auch sehr gut ohne die Auster.«
»Worauf wartet ihr noch? Macht mich doch einfach los, wenn ich euch so ein Klotz am Boot bin«, nölte Aron.
»Und ständig muss sich diese Auster einmischen. Aber wie

du willst. Grüß Nora, besonders von Bisy«, schimpfte Karl-Heinz und schickte sich an, Arons Leinen zu lösen.

»Karl-Heinz, tu das nicht. Wer weiß, ob wir das später bereuen müssen.«

»Na bitte. Mit mir allein ist es dir also doch zu langweilig.«

»Wie solls mir langweilig sein, wenn wir uns ständig streiten. Es wird höchstens nervig mit dir.«

»Na klar, mit Nora ist es ja auch viel schöner, nicht wahr?«

»Oh, das wird mir jetzt echt zu blöde hier«, stöhnte Bisy. Verärgert drehte er sich von Karl-Heinz weg und starrte aufs Wasser. Doch was er dort in der Ferne erblickte, war grün.

»Land in Sicht!«, rief er und sofort waren ihre Streitereien vergessen.

Die grüne Insel

Unbemerkt war ihr Boot an eine Insel herangetrieben. Eine sehr flache Insel zwar, dafür aber saftig grün.

»Das muss die Schatzinsel sein, der Kurs stimmt«, sagte Bisy und blickte immer wieder auf die halbe Karte. »Sieht allerdings ein bisschen anders aus, als ich mir das vorgestellt habe.«

»Egal. Hauptsache wieder festen Boden unter den Füßen. Lass uns an Land gehen«, jubelte Karl-Heinz aufgeregt.

»Nicht dass ich mich einmischen wollte, aber wenn ich dazu was sagen soll, meldet euch«, sagte Aron.

»Danke, nein. Du bist hier nicht gefragt«, grummelte Karl-Heinz, schnappte sich einen langen Faden und stieg auf die Reling.

»Aber sag hinterher nicht, ich hätte dich nicht …«, versuchte es Aron weiter.

Zu spät, denn schon schwang sich Karl-Heinz von Bord. Doch statt festen Boden unter die Füße zu bekommen, versank der Spinnerich mit einem lauten Platscher inmitten der grünen Wiese.

Bisy starrte verwirrt auf die Stelle, wo der Erdboden seinen Freund verschlungen hatte. »Eine fleischfressende Insel?«, stammelte er. Endlich streckte Karl-Heinz prustend seinen Kopf aus der Wiese hervor.

»Nee, Leute, Inseln sind auch nicht mehr das, was sie mal waren«, keuchte er und spuckte ein paar grüne Pflänzchen aus.
»Das hätte ich euch gleich sagen können ...«, höhnte Aron von der Schiffswand.
»Hätte, hätte, Perlenkette«, schimpfte Bisy und zog seinen Freund am Rettungsring zurück zum Boot. Klitschnass und mit Grünzeug behangen, stemmte sich Karl-Heinz über die Reling.
»Ich könnte euch ja was verraten. Aber die Herren sind wohl nicht interessiert«, sagte Aron beiläufig.
»Jetzt spiel hier nicht die beleidigte Leberwurst. Sag schon«, schnauzte Karl-Heinz.
»Na gut. Das Grünzeug da könnt ihr essen. Das sind Wasserlinsen.«
Auch wenn Aron schrecklich nervte, war das mal ein sehr interessanter Tipp. Also warf Karl-Heinz noch einmal sein Netz

aus und fischte damit einen Teil des schwimmenden Teppichs aus dem Wasser. Kurz darauf löffelten sie ihre Wasserlinsen-Suppe. Mit mäßiger Begeisterung.

»Jeden Tag möchte ich das aber nicht essen«, sagte Karl-Heinz.

»Nun ja, besser als nichts, oder?«, meinte Bisy und rührte lustlos in seiner Suppe.

»Guten Appetit, ihr beiden«, blubberte Aron, der selber gerade eine ordentliche Portion Wasser zum Abendessen durchfilterte. »Schmeckts denn?«

»Hm, der Hunger treibts rein«, grummelte Karl-Heinz. »Und jetzt sei still, beim Essen spricht man nicht.«

»Karl-Heinz, du bist aber auch streng«, raunte Bisy dem grimmig kauenden Spinnerich zu.

»Nur gegenüber nörgelnden Austern«, sagte der.

»Schon gut, ich sag nichts mehr«, nölte Aron beleidigt. »Aber hätte ja sein können, dass euch das Schiff dahinten irgendwie interessiert.«

Und dann sahen auch sie es. Noch weit entfernt, aber ganz sicher ein Schiff.

»Schiff in Sicht an Backbord voraus!«, rief Bisy. »Wir müssen uns bemerkbar machen.«

»Aber dann sehen die uns doch«, sagte Karl-Heinz erschrocken bei der Aussicht auf Kontakt mit Fremden.

»Wir könnten nach dem Weg fragen und um Proviant bitten. Oder willst du ewig Algen essen?«

Das wollte Karl-Heinz auf keinen Fall und die Aussicht auf leckeres Essen ließ ihn all seine Befürchtungen vergessen.

»Schnell, wir brauchen Laken oder so was«, meinte Bisy.

Dann hüpften sie aufgeregt herum und schwangen große Tücher.

»Sie haben uns gesehen, guck, sie kommen auf uns zu«, jubelte Karl-Heinz. »Bald gibts Spaghetti mit Tomatensoße, Kartoffelbrei mit Schweinshaxe.«
Bisy guckte seinen Freund überrascht an.
»Äh, Kartoffelbrei mit Möhrenstampf, meine ich natürlich.«
Langsam, aber stetig kam das fremde Schiff näher. Merkwürdig war nur der auffällige Schlingerkurs, mit dem es sich auf sie zubewegte.

Meuterei auf der Baunti

Das fremde Segelschiff hieß Baunti und machte einen abenteuerlichen Eindruck. Der Rumpf bestand aus einem riesigen alten Cowboystiefel. An der Fußspitze hatte sich die Schuhsohle etwas gelöst und wirkte wie ein gierig klaffendes Maul, was dem Schiff ein noch verwegeneres Aussehen verlieh. An zwei Masten flatterten große Segel, dazwischen hing an einer Leine die Wäsche zum Trocknen.

Bisy und Karl-Heinz winkten immer noch, als das Schiff herangeschwankt war, doch die Besatzung schenkte ihnen keine Beachtung.

»Bergt die Segel!«, befahl ein großer, rotgesichtiger Krebs. Er besaß nur noch eine Schere. Dort, wo die andere fehlte, ragte ein furchterregender Haken aus dem Ärmel seiner verschlissenen Jacke.

»Mach doch selber«, rief der kleinste von drei griesgrämig dreinblickenden Moskitos. »Wieso gibst du hier eigentlich immer das Kommando?«

»Weil ich der Käpt'n bin, darum! Und weil ihr was erleben könnt, wenn ihr nicht sofort tut, was ich euch sage«, brüllte der Krebs und schwang drohend seinen Hakenarm.

»Oh, jetzt krieg ich aber Angst«, höhnte der größte der Moskitos.

»Pah, nur noch eine Schere, aber eine große Klappe riskieren«, lästerte der mittlere Moskito.

»Da kann ja jeder kommen. Sag wenigstens ›bitte‹«, forderte der Kleinste von den dreien, wodurch der Kopf des Krebses noch ein bisschen röter wurde.

»Ich werde euch zeigen, was ich mit meiner einen Schere mache!«

Baunti

Entschlossen fuchtelte er mit ihr an einem dicken Seil herum, schaffte es aber nicht, es zu durchtrennen. »So ein Mist, das verflixte Ding ist schon wieder stumpf«, schimpfte der Krebs und sackte mutlos in sich zusammen.

»Olaf, hatten wir nicht abgemacht, hier an Bord auf das Fluchen zu verzichten? Was ist denn das für ein Benehmen?«, rasselte eine Stimme aus dem Inneren des Schiffs.

»Tschuldigung, hatte ich vergessen«, sagte der Käpt'n und fuhr mit müder Stimme fort: »Wärt ihr wohl so freundlich und würdet bitte die Segel aufrollen. Nur wenn ihr nichts anderes vorhabt natürlich.«

»Na ja, ich wollte sowieso gerade ein Segel einholen«, sagte einer der Moskitos und machte sich an einem der Tücher zu schaffen.

»Herrje, Mos. Doch nicht DAS Segel«, sirrte der zweite Moskito. »Zuerst das größere.«

»Pfff, mach doch selber, Ki, wenn du alles besser weißt«, sagte Mos beleidigt.

»Wer hatte denn in der Schule die besseren Noten, du oder ich?«, ätzte Ki.

»Ich hatte die besseren Noten«, mischte sich nun der dritte Moskito in den Streit ein. »Und ich sage, beide Segel auf einmal.«

»Ich denk ja gar nicht dran, ich mach das so, wie ich will«, sirrte Mos und wickelte jetzt auch noch das Vorsegel auf.

Derweil hatte der dritte Moskito namens Tos angefangen, das kleinere Segel wieder auszurollen, worüber Ki laut lachte und Mos einen Wutanfall bekam, während der Käpt'n leise schluchzte.

Da erschien ein lang gestrecktes Insekt an Deck des Schiffes.

»Schluss jetzt mit dem Gezanke. Ihr holt jetzt sofort alle Segel ein. Verstanden?«
»Sag mal, Ragna, ist das nicht eigentlich meine Aufgabe? Ich bin schließlich der Käpt'n«, sagte der Krebs kleinlaut.
»Du bist vielleicht der Käpt'n, aber bestimmen tue immer noch ich«, zischte Ragna.
»Das wäre ja noch schöner. Ich lass mir doch nichts von einer abgetakelten Libelle mit angefressenen Flügeln verklickern«, sirrte Tos und die beiden anderen Moskitos stimmten in diesem Punkt ausnahmsweise zu.
So ging es hin und her auf dem Cowboystiefel-Schiff. Wort- und ratlos beobachteten Bisy und Karl-Heinz eine Weile das Spektakel.

»Entschuldigung, aber können wir euch irgendwie helfen?«, fragte Bisy schließlich.
Augenblicklich verstummten die Rabauken und glotzten nun ihrerseits erstaunt hinüber.
»Oh, ganz vergessen, ihr seid ja auch noch da«, meinte der Käpt'n. »Mit wem haben wir das Vergnügen?«
»Wir sind Bisy und Karl-Heinz«, stellten sich die beiden vor.
»Und Nora«, kam es von backbord. »Superschönes Schiff, das ihr da habt. So was hab ich noch nie gesehen!«
»Die Flagge«, tuschelte der Käpt'n. »Wir müssen uns auch vorstellen.«
Die Libelle verschwand kurz und kam mit einem hübschen bunten Tuch zurück.
»Doch nicht die mit dem Teddybären. Das ist mein Kuscheltuch«, raunte der Käpt'n.
»Ja welche denn dann?«, stöhnte Ragna, die flügellahme Libelle.
»Na die mit dem Totenkopf.«
»Die ist gerade in der Wäsche.«
»Dann hol sie gefälligst wieder raus.«
»Nicht in diesem Ton!«
Der Käpt'n stöhnte und verschwand, laut mit seinen acht Holzbeinen stampfend, um die Flagge kurzerschere selber zu holen. Knurrend hisste er die schwarze Fahne, auf der ein roter Totenkopf prangte.
»Darf ich vorstellen? Wir sind die Piraten und das ist ein Überfall, wenn ihr nichts dagegen habt«, stellte sich der Käpt'n vor.

»Ach, stimmt ja. Ein Überfall«, sirrten die drei Moskitos und eilten unter Deck.
Im Rumpf öffneten sich drei Klappen und drei Rohre schoben sich ein Stück daraus hervor. Sie zeigten direkt auf Bisys und Karl-Heinz' Boot.
Dann gab es plötzlich einen Knall und drei Löcher klafften in Bisys und Karl-Heinz' Schiffsrumpf. Wasser strömte herein. Sie sanken!

Zweifelhafte Rettung

Käpt'n Olaf der Einscherige tobte außer sich vor Wut. »Wer hat euch erlaubt, das Boot zu versenken?«
»Ja sind wir jetzt Piraten, oder nicht? Und Piraten versenken nun mal Boote, oder?«, verteidigte sich Tos.
»Und wovon leben Piraten? Vom Beutemachen, wir hätten das Boot noch verkaufen können.«
Während sie weiter über die Feinheiten ihres Berufs fachsimpelten, versank die Mia langsam, aber sicher im Wasser. In aller Eile hatte Bisy die Schatzkarte eingesteckt und Nora vom Bootsrumpf gelöst. Nun hingen sie oben am Mast, der als Letztes noch aus dem Wasser ragte.

»Nicht schon wieder baden gehen. Ich bin doch gerade erst trocken geworden«, jaulte Karl-Heinz.
»Ich glaube, es wird Zeit, auf deren Schiff überzuwechseln«, sagte Bisy.
»Oh ja, spitzen Idee. Ich war noch nie auf so einem verwegenen Schiff, toll!«, jubelte Nora.
»Das ist auch besser so. Das sind Piraten, die sind gefährlich!«
»Du bist eine Kreuzspinne und auch gefährlich«, erklärte Bisy seinem Freund.
»Ich soll gefährlich sein? Meinst du wirklich?«
»Viel gefährlicher!«
Karl-Heinz hatte schon länger nicht mehr über diese Möglichkeit nachgedacht. Na klar, er war eine gefährliche Kreuzspinne. Wenn er es genau bedachte, eine grauenhaft gefährliche sogar. Obwohl er daran noch gewissen Zweifel hegte, zog er einen langen Faden aus seiner Hosentasche und schleuderte ihn um den Mast der Baunti. Daran schwangen sie sich hinüber und landeten mit einem kräftigen RUMMS an Deck des Piratenschiffs.
»Alarm, das ist ein Überfall. Wir werden geentert!«, kreischten die drei Moskitos und flohen hoch in die Wanten, um sich in Sicherheit zu bringen.
»Kommt sofort wieder runter. Wir sind hier die Piraten! Die überfallen nicht uns, wir überfallen die!«, brüllte der Käpt'n.
»Und seit wann kommen die Überfallenen freiwillig zu uns an Bord?«, rief Ki.
»Genau. Und einer von denen ist eine Kreuzspinne. Die kenn ich, ganz üble Gesellen!«, ergänzte Tos.
Jetzt guckte auch ihr Anführer genauer hin und erschrak beim Anblick von Karl-Heinz. Der hatte mittlerweile sein grimmigstes Gesicht aufgelegt. Zum Glück hatte er das aus lauter Langeweile

auf dem Boot geübt. Mit Erfolg, wie er an der Reaktion der Piraten sehen konnte.

»Sagt mal, was seid ihr denn für Kerle? Schaut doch mal genau hin«, pfiff Ragna die schlotternden Piraten zur Ordnung. Es folgte eine kurze Stille und dann brachen die Piraten in lautes Gelächter aus.

»Der hat ja Pantoffeln an. Wie gefährlich ist der denn?«, kreischten die Moskitos.

»Alle Wetter, ein echter Pantoffelheld«, grölte der Käpt'n und Ragna sagte kurz und knapp: »Fesselt sie!«

Wenig später waren Bisy und Karl-Heinz an den Mast gebunden. Sogar die Auster hatten die Piraten verknotet. Sicher ist sicher.

»Vielleicht solltest du mal über deine Fußbekleidung nachdenken«, raunte Bisy seinem Freund zu.

»Aber die Pantoffeln sind doch so schön gemütlich«, entschuldigte sich Karl-Heinz leise, sodass es die Piraten nicht hören konnten.

Die standen um sie herum und beratschlagten, was sie mit ihren Gefangenen anstellen sollten.

»Hm, sehen ja recht genießbar aus«, meinte die Libelle.

»Ach, ich weiß nicht, so was ess ich nicht«, sirrte der größte der Moskitos namens Mos.

»Vielleicht haben die ja was Leckeres dabei?«, sagte Ki.
»Nicht einen Krümel. Wir dachten, ihr könntet uns was abgeben«, antwortete Bisy.
»Na toll. Jetzt will uns unsere Beute auch noch das Essen wegfuttern«, höhnte Tos.
»Wir sollten sie lieber wieder ins Wasser werfen«, schlug Mos vor.
»Seid ihr noch ganz dicht? Unsere Beute wieder ins Wasser werfen?«, mischte sich der Käpt'n ein. »Für die beiden da gibts bestimmt ein hübsches Sümmchen auf dem Insektenmarkt. Und diese Muschel geht in ein Restaurant.«
»Auch das noch, ich hasse Restaurants«, gluckerte Aron und zog seine Schalen fest zusammen.
»Wieso darf der in ein Restaurant und wir nicht?«, grummelte Karl-Heinz.
»Weil dort Spinnen und Fliegen nicht so gerne gegessen werden, darum«, knurrte der Käpt'n.
»Und wenn wir sie als Sklaven behalten, sie könnten kochen, das Deck schrubben, die Latrine ausleeren, die Algen vom Schiffsrumpf kratzen ...«, schlug Ragna vor.
»Ja, aber Sklaven muss man füttern«, warf Mos ein.
»Also von meiner Ration gebe ich nichts ab«, versicherte Ki.
»Von mir kriegen sie höchstens meine sauren Gurken. Die mag ich sowieso nicht«, sagte Tos.
»Sie können ja die Algen essen, die sie vom Boot abkratzen«, kam es von Ragna.
»Ich glaube, wir sind hier nicht sehr willkommen«, flüsterte Karl-Heinz.
»Ich hätte da eine Idee, wie ich das ändern kann«, raunte Bisy ihm zu und wandte sich an den Käpt'n. »Wahrscheinlich sind wir die wertvollste Beute, die ihr je an Bord gezogen habt.«

»Den Eindruck macht ihr allerdings nicht«, stichelte Mos.
»Glaubt ihr, man kriegt für Pantoffeln viel Geld?«, wollte Tos wissen.
»Die sind nicht zu verkaufen«, brummte Karl-Heinz.
»Wir wissen nämlich, wo ein Schatz versteckt ist«, sagte Bisy.
Karl-Heinz stöhnte. Wie konnte Bisy nur ihr Geheimnis preisgeben? Wollte er etwa den schönen Schatz, all den Reichtum dieser fiesen Piratenbande überlassen?
»Du weißt, wo ein Schatz versteckt ist? Piraten lieben Schätze!« Käpt'n Olafs Interesse war geweckt.
»Na klar, aber ich verrate nicht, wo.«
»Los, Klugscheißer, raus mit der Sprache, wo ist er?«, riefen die Moskitos.
»Tja, da müsst ihr mich erst losbinden«, sagte Bisy. »Und was zu essen will ich natürlich auch.«

Gefangenschaft

Bisy kannte zwar die genaue Richtung zur Schatzinsel, schließlich steckte die geheime Karte in seiner Jackentasche, aber er musste Zeit gewinnen und die Piraten in die Irre führen.
»So, jetzt links abbiegen«, kommandierte er mit vollem Mund. Er lag auf einem gemütlichen Kissen auf der Brücke und ließ noch ein bisschen mehr Honig auf sein Butterbrötchen fließen.
»Das heißt backbord, du Landratte«, grummelte Ragna vor sich hin. Die mies gelaunte Libelle stand am Steuer und musste notgedrungen den Anweisungen ihres Gefangenen folgen. Mos, Ki und Tos waren damit beschäftigt, ständig frische Speisen heranzuschaffen, um Bisy bei Laune zu halten und den noch immer gefesselten Karl-Heinz zu füttern. Wenn nicht gerade wieder der Kurs gewechselt wurde und sie die Segel neu setzen mussten.
»So, jetzt rechts und dann gleich schräg nach links.«
»Nach steuerbord und dann gleich Richtung elf Uhr«, grummelte die Libelle.
»Da kann einem ja ganz schlecht werden bei dem Hin und Her«, brummte der Käpt'n.
»So ist nun mal der Weg zum Schatz. Sehr kompliziert und sehr geheim«, erklärte Bisy und tunkte eine Pommes tief in Tomatenketchup.

So schlingerte die Baunti stundenlang über das Wasser, ohne dass sie wirklich vorankamen. Bisys Plan funktionierte, jedenfalls bis jetzt.
»Sag mal, findest du es nicht irgendwie komisch, dass wir ständig abbiegen müssen, obwohl es hier weder Hindernisse noch Straßen gibt?«, fragte Tos den Käpt'n.
»Was verstehst du schon davon? Du bist Matrose und kümmerst dich gefälligst um die Segel«, knurrte der Käpt'n.
»Mal links, dann rechts, dann vor und wieder zurück. Wir könnten doch genauso gut einfach geradeaus fahren«, schlug Mos vor.
Käpt'n Olaf wurde nachdenklich. Er griff sich eine Seekarte, hantierte eine Weile mit Lineal, Zirkel und Bleistift, rechnete ein paar Zahlen zusammen und kam schließlich zu einer verblüffenden Erkenntnis.
»Kann es sein, dass du uns an der Nase herumführst? Ich hab nachgerechnet, wir sind kaum einen Meter weitergekommen.«

»Wusst ichs doch, dass da was nicht stimmt«, zischte Ragna.
»Genau, der will uns nur mürbe machen mit seinem Kursgewechsel. Ständig müssen wir die Segel neu einstellen«, beschwerte sich Mos.
»Echt nervig. Besser, wir werfen sie über Bord«, meinte Ki.
»Oder wir benutzen sie als Köder zum Angeln«, schlug Tos vor.
»Auf jeden Fall sollten wir nicht mehr unser gutes Essen an sie verschwenden«, sagte Ragna.
Kein Essen mehr? Karl-Heinz erschrak bei dieser Aussicht.
»Aber so steht der Weg nun mal auf Bisys Schatzkarte.«
Bisy stöhnte und schloss seine Augen. Jetzt hatte Karl-Heinz tatsächlich ihr letztes Geheimnis verraten.
»Schatzkarte? Ihr habt eine Schatzkarte?«, brüllte der Käpt'n.
»Nein, natürlich nicht«, versuchte Bisy, das drohende Unheil abzuwenden.
»Höchstens eine Hälfte von einer Schatzkarte«, kam Karl-Heinz seinem Kumpel zu Hilfe.
»Los, fesseln und durchsuchen«, knurrte der Käpt'n und diesen Befehl befolgten Mos, Ki und Tos mit Vergnügen. Kurz darauf hatten sie das vergilbte Stück Papier in Bisys Jackentasche gefunden. »Ich werd verrückt. Der fehlende Teil meiner Schatzkarte. Den suche ich schon mein halbes Leben lang«, sagte der Käpt'n, zog die andere Hälfte aus seiner Tasche und legte die beiden Teile aneinander. »Passt genau. Endlich, endlich kenne ich den Weg«, jubelte der Käpt'n. »Auf zur Schatzinsel!«
Es kam keine Reaktion. Weder die drei Moskitos noch Ragna waren dazu bereit, auch nur einen Finger zu rühren.
»Erst reden wir mal darüber, wie wir den Schatz unter uns aufteilen ...«, sagte Mos.
»... dann sehen wir weiter«, ergänzte Ki.

»Genau, lass uns doch mal die Karte sehen«, sagte Tos.

Doch Käpt'n Olaf weigerte sich, das Pergament hervorzuholen, und erhob stattdessen drohend seinen gefürchteten Eisenhaken.

»Diese Karte gehört einzig und allein mir. Ich war es, der dafür im Kampf eine Schere gelassen hat. Das werde ich diesem miesen Einsiedlerkrebs übrigens eines Tages heimzahlen.«

»Dann sieh mal zu, wie du dieses Schiff alleine zu dieser Schatzinsel segelst«, sagte Mos.

Käpt'n Olaf stöhnte. Das würde er unmöglich schaffen. »Also gut. Wir teilen den Schatz gerecht unter uns auf«, willigte er wohl oder übel ein. »Aber eins müsst ihr mir versprechen. Die goldene Krone bekomme ich, dass das klar ist! Der Rest ist mir egal.«

»Kannste haben«, sagte Ki.

»Was ist denn so besonders an der Krone?«, fragte Tos.

»Ach, eigentlich nichts. Nur, dass sie mal meinem Ur-Ur-Urgroßvater gehört hat«, erklärte der Käpt'n.

Was er nicht erwähnte war die Sage, die sich um diese Krone rankte. Demjenigen, der sie sich aufs Haupt setzte, verlieh sie absolute Macht. Und genau das war es, was dem Krebs zu seinem Glück fehlte. Endlich würde ihm seine Mannschaft gehorchen. Dafür konnte er gut auf einen Teil des Schatzes verzichten. Zumindest bis er die Macht der Krone innehatte, mit der er diesen Einfaltspiraten ihren Anteil locker wieder abknöpfen konnte.

»Und wie hieß dein Ur-Ur-Urgroßvater, wenns den überhaupt gab?«, fragte Mos.

»Natürlich gab es den. Das war Eduard mit den Scherenhänden«, sagte Käpt'n Olaf.

»Und es ist wirklich die Krone von Eduard mit den Scherenhänden?«, fragte Ki ungläubig.

»Dann ist das ja die Krone, die unendliche Macht verleiht!«, folgerte Tos.

»Quatsch, da habt ihr mich wohl falsch verstanden. Ich habe Eduard mit den schweren Händen gesagt«, versuchte sich Käpt'n Olaf vergeblich rauszureden.

Wer ist der Chef?

Obwohl Käpt'n Olaf der Einscherige nun den genauen Kurs zur Schatzinsel ansagte, fuhren sie immer noch kreuz und quer über das Wasser. Da die Mannschaft seinen Plan durchschaut hatte, ernteten seine Befehle nur noch unwilliges Gemurre.
»Wir lassen uns von dir nichts mehr befehlen«, trotzte Mos.
»Genau, immer bist du der Bestimmer, das ist ungerecht«, maulte Ki.
»Ich will auch mal der Chef sein!«, rief Tos.
»Das könnte dir so passen«, knurrte der Käpt'n. »Solange ich hier der Chef bin, bestimme ich, wer bestimmt.«
»Ja, aber auch nur so lange du der Chef bist. Und das ist jetzt vorbei«, tönte Mos.
»Geht das schon wieder los. Wisst ihr, was wir tun? Wir stimmen ab, wer der Chef sein soll«, befahl Ragna.
»Aber nur, wenn ihr alle mich wählt«, brummte der Käpt'n.
Bisy und Karl-Heinz, immer noch an den Mast gefesselt, beobachteten zufrieden das Gezänke. So würden sie die Schatzinsel nie erreichen.
Die Sache mit dem Abstimmen ging wie zu erwarten gründlich schief. Jeder von ihnen stellte sich zur Wahl auf und natürlich stimmte jeder für sich selbst. Und so ging der Streit weiter, bis am Ende des Tages alle in ihren Ecken hockten und schmollten. Und jeder schwor sich, die Krone an sich zu reißen und allmächtiger Bestimmer zu werden. Doch vorerst schaukelte die Baunti führungslos durch die Nacht, auf sanften Wellen, die im Mondlicht glitzerten. Nur das gemeinschaftliche Schnarchen zeugte davon, dass sich die Mannschaft wenigstens im Schlafe einig war. Karl-Heinz war wach. Er saß an den Mast

gelehnt da und lauschte dem düsteren Grummeln seines Magens. Ein leises Klackern von acht Holzbeinen verriet, dass jemand so leise wie möglich angeschlichen kam.

»Hey, dicke Spinne, bist du noch wach?«, wisperte der Käpt'n.

»Wie soll ich schlafen, wenn ich Hunger hab?«, knurrte Karl-Heinz und zuckte erschrocken zusammen, als der Krebs etwas aus seiner Tasche hervorzog und ihm vor die Nase hielt.

»Hier, ein Keks. Für dich, iss!«

Das ließ sich Karl-Heinz nicht zweimal sagen und verschlang gierig das süße Gebäck. Es schmeckte köstlich, doch dann überkam ihn plötzlich ein dunkler Gedanke und er prustete die Krümel wieder aus. »Bestimmt willst du mich vergiften, weil ich so gefährlich bin!«

»Nein, Blödsinn. Im Gegenteil, ich will dir einen Vorschlag machen, weil du so gefährlich bist. Du kannst mir helfen«, erwiderte der Käpt'n.
»Wie soll ich dir helfen? Ich bin gefesselt.«
»Pass auf. Ich binde dich los und dafür hilfst du mir, die Mannschaft zu überzeugen, dass ich der Chef bin. Vor so einem wie dir haben sie bestimmt Angst«, versicherte Käpt'n Olaf. »Wenn du deine Pantoffeln ausziehst«, fügte er hinzu.
»Unmöglich, ich kann Bisy nicht alleine gefesselt hier sitzen lassen.«
»Na los. Du bist bestimmt ein richtig böser und gefährlicher Pirat. Und dann teilen wir den Schatz unter uns auf und verkaufen die anderen auf dem Insektenmarkt.«
»Hmmm. Auch Bisy?«
»Na klar. Das gibt ordentlich Geld. Komm schon, echte Piraten kennen keine Freunde. Und es gibt immer was zu essen«, flüsterte der Käpt'n und steckte Karl-Heinz einen weiteren Keks in den Mund.
Der kaute genüsslich und grübelte eine Weile. »Und ich darf frei herumlaufen auf dem Schiff?«
»So viel du willst. Mein Schiff ist auch dein Schiff, zumindest zeitweise.«
»Auch nachts, wenn alle schlafen?«
»Da kannst du gerne Wache schieben.«
Karl-Heinz schluckte seinen Keks hinunter und sagte: »Ayeaye, Käpt'n, dann bind mich mal los.«

Echte Piraten kennen keine Freunde

»Aufwachen, faule Bande. Ab jetzt weht hier ein anderer Wind!«, brüllte Käpt'n Olaf der Einscherige.

Die Sonne war gerade dabei, über den Horizont zu kriechen und den neuen Tag anzukündigen. Verschlafen rieben sich Ragna und die drei Moskitos die Augen.

»Du kannst uns mal ...«, murrte Mos.

»... das Frühstück an die Hängematte bringen«, krächzte Ki.

»Für mich das Ei bitte wachsweich und dazu zwei Scheiben Zwieback«, ergänzte Tos.

»Wieso sollten wir dir eigentlich gehorchen? Dich hat doch keiner gewählt, außer dir selbst«, nuschelte Ragna.

Käpt'n Olaf stemmte seine Schere und seinen Hakenarm in die Seite und knurrte mit geschwollener Brust: »Weil der da mit euch kurzen Prozess macht, wenn ihr nicht das tut, was ich sage.« Und damit zeigte er auf Karl-Heinz, der sich große Mühe gab, ganz besonders gefährlich auszusehen. Dafür hatte er extra seine Pantoffeln ausgezogen, eine Augenklappe umgebunden, sich einen Bart angemalt und ein Holzbein angeschnallt. So sah er von außen gesehen wie ein verwegener Pirat aus,

doch innerlich dachte er: ›Wie gern würde ich jetzt auf meinem Sofa liegen!‹

Das konnten die Piraten natürlich nicht ahnen und sogar Bisy bekam einen Schreck, als er seinen Freund in der neuen Rolle sah. Während Aron nur eine verächtliche Bemerkung übrighatte:

»Ist etwa schon wieder Karneval? Es bleibt einem aber auch nichts erspart.«

»Karl-Heinz, was ist denn mit dir passiert? Wieso läufst du frei herum?«, fragte Bisy verwundert.

»Ich bin jetzt Pirat und sorge hier für Ordnung«, knurrte Karl-Heinz möglichst verwegen.

»Du spinnst wohl! Du kannst doch nicht einfach zu diesen Halunken überlaufen. Bin ich jetzt etwa dein Gefangener?«

Karl-Heinz guckte sich verlegen auf die Finger und druckste leise herum: »Ja schon ... aber na ja ... also, wie soll ich ... Bisy, du bist doch mein ...«

»Verräter«, zischte der ihm entgegen.

»Hey, Kreuzspinne. Keine Privatgespräche mit den Gefangenen. Kümmere dich gefälligst um die Mannschaft. Es wird Zeit, die Segel zu setzen!«, grölte Käpt'n Olaf der Einscherige.

Völlig niedergeschlagen durch Bisys Verachtung drehte sich Karl-Heinz den drei Moskitos zu.

»Ja ... äh, los doch. Tut was er sagt«, stammelte er mit seiner grimmigsten Stimme. Anscheinend hatten sie wirklich Angst

vor ihm, die er mit einem weiteren Satz noch ein bisschen steigerte. »Sonst fresse ich euch!«
Die Moskitos zuckten zusammen und quietschten vor Angst. Dadurch ermutigt stampfte der Spinnerich langsam und bedrohlich auf sie zu.
»Karl-Heinz, du bist Vegetarier«, ermahnte ihn Bisy.
»Schweig, Gefangener. Piraten essen Fleisch. Viel Fleisch!«, herrschte er seinen Kumpel an. Denn echte Piraten kannten ja keine Freunde. Er schickte noch ein grimmiges »Buh« hinterher, schon waren die Moskitos oben am Mast und ließen die Segel herab. Karl-Heinz fand langsam Gefallen an seiner neuen Rolle und gleichzeitig schämte er sich dafür. Er stand auf der Brücke und beaufsichtigte mit düsterem Piratenblick die Mannschaft. Sogar Käpt'n Olaf schien ein wenig eingeschüchtert zu sein.
Um die Mittagszeit befahl der Piraten-Spinnerich den drei Moskitos, einen großen Topf Erbsensuppe zu kochen. Gefährlich sein war eine sehr anstrengende Angelegenheit und hatte ihn mordsmäßig hungrig gemacht. Doch als er von seiner Schüssel aufblickte, sah er Bisy, der ihn mit einem messerscharfen Blick bedachte.
»Mieser, kleiner Überläufer. Und an so was habe ich meine Zeit verschwendet. Wenns ums Essen geht, verrät er seinen besten Freund«, hörte er ihn leise zischen.
Karl-Heinz hatte plötzlich keinen rechten Appetit mehr und rührte lustlos in seiner Schale herum. Dann stand er entschlossen auf und sagte: »Der Gefangene bekommt auch was zu essen!«
»Aber ist das nicht Verschwendung?«, fragte Mos schüchtern.
»Finde ich eigentlich auch. Das gute Essen ...«, bestätigte Ki.

»Das ist doch hier keine Kreuzfahrt mit Ohl-ju-kän-iet und so«, sagte Tos.

»Aber eine Kreuzspinnenfahrt. Und da bekommen gefangene Fliegen besonders gute Verpflegung«, sagte Karl-Heinz und krabbelte hinüber zum Mast, um seinen gefesselten Freund zu füttern. »Mund auf, es gibt was zu essen«, kommandierte Karl-Heinz möglichst unfreundlich.

»Pfff, als ob ich das nötig hätte, mich von so einem kommandieren zu lassen«, zischte Bisy, aber der Duft der Erbsensuppe war stärker als sein Trotz und so sperrte er seinen Mund weit auf. Gerade wollte Karl-Heinz den Löffel hineinstecken, da bemerkte er Ragna, die ihn argwöhnisch beobachtete und leise mit Käpt'n Olaf tuschelte. »Ich trau dem Braten nicht. Irgendwas führt der doch im Schilde«, raunte sie.

Als Karl-Heinz das hörte, zog er kurz entschlossen den Löffel wieder zurück und verleibte sich selbst genüsslich die Suppe ein. Direkt vor den Augen von Bisy, der langsam seinen Mund wieder zuklappte.

»Du bist ja so ein mieser Verräter, Karl-Heinz Kreuzspinne.«

Die Flucht

Es war mitten in der Nacht, als Karl-Heinz einsam auf Deck Wache schob. Die Piraten schnarchten gehorsam, nachdem er ihnen befohlen hatte zu schlafen. Endlich war der Moment gekommen, auf den er gewartet hatte.
»Bisy, wach auf. Wir müssen los«, flüsterte er.
»Mit so einem wie dir rede ich nicht mehr«, sagte der trotzig.
»Wie du meinst. Dann muss ich dich eben zu deinem Glück zwingen«, brummte Karl-Heinz, schwang sich den gefesselten Bisy über die Schulter und kletterte mit ihm in ein kleines Rettungsboot, das außen an der Bordwand baumelte.
»Könnte der Herr Karl-Heinz mir vielleicht verraten, was das soll? Oder redet er nicht mit seiner Beute.«
»Du willst doch nicht mit mir sprechen. Ich bin ja nur ein mieser Verräter«, knurrte Karl-Heinz und zog den Säbel, der an seinem Hosenträger baumelte.
Bisy schluckte und dachte kurz an Karl-Heinz' Worte, dass Piraten viel Fleisch essen. Doch der wollte lediglich die Seile kappen, die das Rettungsboot hielten.
»Und die Auster? Soll die etwa hierbleiben?«, fragte Bisy.
Karl-Heinz seufzte. »Die hab ich glatt vergessen. Warte hier!«, sagte er und schlich noch mal zurück an Deck des Piratenschiffs. Er hatte gerade die schwere Muschel geschultert, als plötzlich die drei Moskitos vor ihm standen.
›Jetzt ist alles aus‹, dachte Karl-Heinz. Nun würden sie Alarm schlagen und ihn wieder an den Mast fesseln. Vorbei war es mit dem furchteinflößenden Piraten-Karl-Heinz.
»Hunderttausend Höllenläuse, der Kreuzspinnerich«, krächzte Mos.

»Jetzt macht er Kleinholz aus uns«, stöhnte Ki.
»Oder Bohnensuppe mit Fleischeinlage«, japste Tos.
Karl-Heinz hatte sich geirrt. Anscheinend hatte er sie erwischt und nicht sie ihn, denn sie schlotterten vor Angst. Sofort erwachte in ihm wieder der gefährliche Kreuzspinnerich.
»Hatte ich euch nicht befohlen zu schlafen?«, knurrte er.
»Wir sind wohl schlafgewandelt. Das machen wir immer«, entschuldigte sich Mos.
»Ohne meine Erlaubnis wird hier nicht schlafgewandelt«, sagte Karl-Heinz, zog einen langen Faden aus der Hosentasche und wickelte die drei Moskitos kurzerhand ein. Dann hängte er das Bündel am Mast auf. Dort baumelten sie nun im Wind und sahen zu, wie Karl-Heinz mit der Auster ins Beiboot kletterte. Ein Säbelhieb, ein lautes Platschen und das Rettungsboot verschwand mit kräftigen Ruderschlägen in der Dunkelheit.
»So ein Oktopusdreck. Jetzt ist er doch tatsächlich mit dem Boot weg«, fluchte Mos.
»Dabei wollten wir damit fliehen«, jammerte Ki.
»Denkt doch mal nach. Jetzt, wo dieser Spinnerich weg ist, brauchen wir auch nicht mehr unserem Käpt'n zu gehorchen, oder? Dann müssen wir ja gar nicht mehr fliehen«, sagte Tos und versetzte sie in lauten Jubel. So laut, dass plötzlich Käpt'n Olaf an Deck getapert kam.
»Was soll denn der Lärm? Sofort still jetzt, sonst sag ich es der Spinne!«
»Uiii, unser mächtiger Käpt'n ist eine Petze«, quäkte Mos.
»Kommt sofort da runter«, brüllte der Käpt'n außer sich vor Wut. »Wer hat euch erlaubt, da oben rumzuhängen?«
»Die Spinne höchstpersönlich«, rief Ki. »Da staunst du, was?«

»Und jetzt geh wieder schlafen, bevor der Spinnerich dir Beine macht«, höhnte Tos. »Obwohl du ja eigentlich ganz gut neue Beine gebrauchen könntest.«

Das Wasser bis zum Hals

Karl-Heinz ruderte wie ein Weltmeister. So waren sie schon ein ganzes Stück von der Baunti entfernt, als es hell wurde. Das Piratenschiff machte nicht den Eindruck, als folgte es ihnen. Denn es fuhr wieder mal kreuz und quer den Horizont ab. So konnte Karl-Heinz getrost eine Pause einlegen und seinen Freund aus den Fesseln befreien.

»Bisy, kannst du mir noch mal verzeihen? Ich war doch nicht wirklich ein Pirat, guck, ich zieh auch wieder meine Pantoffeln an. Dann bin ich ganz der Alte«, schluchzte Karl-Heinz und schlüpfte in seine Filzschuhe, obwohl die klatschnass waren.

»Karl-Heinz, du warst der piratigste Pirat, der mir je begegnet ist«, sagte Bisy schließlich.

»Na ja, da hab ich aber schon bessere gesehen«, höhnte Aron.

»Dich hat hier keiner gefragt«, knurrte Karl-Heinz und an Bisy gewandt stammelte er: »Du bist mir also nicht mehr böse?«

»Und ob, du hast mir die Erbsensuppe vor meinen Augen weggemampft.«

»Das war doch nur, damit ich wie ein richtig mieser und fieser Kerl erschien«, entschuldigte sich Karl-Heinz und fügte kleinlaut hinzu: »Zugegeben, lecker war sie auch.« Dann kramte er einen großen Topf hervor. »Aber guck mal, ich hab aus der Kombüse ein bisschen was davon mitgehen lassen.«

Die Suppe schmeckte köstlich. Bisy konnte gar nicht mehr aufhören zu essen. »Noch eine Schale«, forderte er.

»Meinst du nicht, wir sollten sie uns besser einteilen?«, fragte Karl-Heinz. »Wer weiß, wie lange wir noch unterwegs sind.«

»Das sagt der Richtige. Selber die ganze Zeit das beste Essen futtern, aber mir die Suppe verbieten wollen«, blaffte Bisy.

»Und wer hat mir verboten, ein paar von den Bananen zu essen?«, grollte Karl-Heinz, der den Verlust immer noch nicht ganz verwunden hatte.
»Du hättest ja nicht gehorchen müssen. Und bevor dieser Suppe das Gleiche passiert wie den Bananen, kann ich den Topf genauso gut leer löffeln«, entschied Bisy.
»Vergiss es. Ich habe das Boot klargemacht, ich habe die Suppe besorgt, ich habe dich befreit und deshalb habe ich hier das Sagen. Ich bin der Käpt'n und damit basta!«
»Ähm, ich störe ja nur ungern, Käpt'n, aber hier ist 'ne Menge Wasser im Boot«, unterbrach sie Aron. »Ich mein ja nur.«
Sie waren so in ihren Streit vertieft, dass sie gar nicht bemerkt hatten, wie das Boot langsam, aber sicher voll Wasser lief. Durch alle Ritzen strömte es hinein und stieg immer höher.
»Das ist ja eher ein Sieb als ein Boot! Wir gehen unter«, rief Karl-Heinz erschrocken.
»Schnell, gib mir den Suppentopf!«, rief Bisy.

»Ich glaube nicht, dass es gerade der richtige Zeitpunkt zum Essen ist. Gib mir wenigstens was ab«, schimpfte Karl-Heinz. Doch Bisy hörte nicht auf dessen Motzerei, schnappte sich den Topf und schüttete den Rest der Suppe zum Entsetzen seines Käpt'ns über Bord. Dann schöpfte er damit das Wasser aus dem Boot, während Karl-Heinz so schnell er konnte ruderte. Doch so sehr sie sich auch abrackerten, das Boot sank immer tiefer. Schließlich blieb ihnen nichts anderes übrig, als die Auster auf den Rettungsring zu packen und sich selbst daran festzuhalten. Nun trieben sie verloren im Wasser. Zu allem Überfluss war auch noch Nebel aufgekommen, sodass sie kaum einen Meter weit gucken konnten.
»Nee, Leute, es ist alles nicht, wies sein sollte«, jaulte Karl-Heinz, der neben Bisy im Wasser paddelte.
»Da stimme ich dir ausnahmsweise zu. Allerdings schmeckt das Wasser hier ausgezeichnet. So ein bisschen nach Suppe«, blubberte Aron und gönnte sich einen kräftigen Schluck.
»Das ist gemein, immer kriegt diese Auster unser Essen!«, grummelte Karl-Heinz.
»Wenigstens bessert das Arons Laune. Wir sitzen jedenfalls ganz schön in der Patsche«, sagte Bisy.

»Alles meine Schuld, ich hab uns auf dieses löchrige Boot verfrachtet und uns die Suppe eingebrockt.«
»Karl-Heinz, das konnte doch keiner ahnen. Du hast uns vor den Piraten gerettet. Das war wahnsinnig mutig von dir«, sagte Bisy.
»Und jetzt treiben wir hoffnungslos einsam und verloren herum.«
»Hauptsache, wir sind zusammen. Und mit niemand anderem würde ich lieber hoffnungslos einsam und verloren im endlosen Wasser herumtreiben als mit dir. Egal, was passiert, zusammen schaffen wir das«, versuchte Bisy, sich und seinen Kumpel zu trösten.
»Nein wie romantisch, mir kommen gleich die Tränen«, säuselte plötzlich eine Stimme.
Zuerst dachten sie, Aron hätte wieder eine seiner hämischen Bemerkungen von sich gegeben. Doch dann entdeckten sie das merkwürdige Insekt, das lautlos durch den Nebel herangeglitten war. Mit seinen langen Beinen stakste es einfach über das Wasser, als wäre es fester Boden.
»Und, was treibt ihr hier so? Seid ihr sicher, dass das die richtige Umgebung für euch ist?«
»Und du? Wieso kannst du auf dem Wasser herumlaufen?«, fragte Bisy verdutzt.

»Keine Ahnung, hat die Natur so eingerichtet. Ich bin ein Wasserläufer«, antwortete das merkwürdige Insekt und hüpfte zum Beweis auf der Wasseroberfläche herum wie auf einem Trampolin. »Und ihr? Noch was Besonderes vor heute?«

»Ach, eigentlich haben wir keine großen Pläne mehr«, sagte Bisy. »Vielleicht kannst du uns ja beibringen, wie man über Wasser läuft.«

»Schwierig. Aber wenn ihr unbedingt laufen wollt ... Ich glaube, es ist nicht besonders tief hier am Ufer.«

Und tatsächlich dümpelten sie wohl schon eine ganze Weile in flachem Wasser, ohne es bemerkt zu haben. Sie brauchten sich kaum zu recken, um festen Grund unter sich zu spüren. Laut kreischend vor Freude hüpften sie auf und ab.

»Hab ichs nicht gesagt? Wir schaffen das!«, jubelte Bisy und dann wateten sie durch das immer flacher werdende Wasser, bis sie schließlich in einer kleinen Bucht einen einsamen Strand betraten.

Betreten auf eigene Gefahr!

»Das ist ja ein Traumstrand! Als wäre hier nie zuvor einer gewesen«, jubelte Bisy.
»Aber das Ding da hinten sieht irgendwie merkwürdig aus«, sagte Karl-Heinz und zeigte auf einen Pfahl mit einer Holztafel daran. Als sie näher kamen, standen sie vor einem Schild, das etwas windschief in den Sand gerammt war.
»Schatzinsel. Betreten auf eigene Gefahr!«, las Bisy. »Bitte keine glänzenden Wertgegenstände liegen lassen.«
»Ich glaub, ich spinne! Wir haben die Schatzinsel gefunden«, sagte Karl-Heinz völlig fassungslos.
»Wow, eine Schatzinsel. Wo ich überall hinkomme«, staunte Nora, die ihre Schale weit aufgeklappt hatte und sich neugierig umsah.
»Weißt du, was das bedeutet?«, jauchzte Bisy. »Wir werden reich. Unendlich reich!«
Dann tanzten sie vor Freude um das Schild herum, bis Karl-Heinz plötzlich innehielt. »Wie wollen wir den Schatz eigentlich finden? Der kann hier überall versteckt sein.«
»Und wenn wir dafür die ganze Gegend umgraben, wir werden ihn aufspüren«, sagte Bisy und dämpfte damit Karl-Heinz' Begeisterung.
»Äh, das hört sich aber jetzt nicht so verlockend an.«
»Wir könnten auch erst mal ein bisschen die Umgebung erkunden. Vielleicht finden wir ja einen kleinen Hinweis«, schlug Bisy vor. »Oder auch was zu essen.«
Es gab Argumente, mit denen musste man Karl-Heinz nicht lange überzeugen. Und so schnappte er sich die Auster und sie machten sich auf die Suche. Sie waren noch nicht weit gegangen, als sie einen kleinen Hinweis auf den Schatz fanden.

»*Zum sagenumwobenen Schatz. Vorsicht, Drache! Füttern verboten!*«, las Karl-Heinz auf mehreren Schildern am Ende des Strandes. Daneben war ein großes Schneckenhaus mit der Aufschrift *Kasse* aufgebaut, hinter dem ein Weg irgendwohin führte, vermutlich zum Schatz.
»Also eine Schatzsuche habe ich mir irgendwie abenteuerlicher vorgestellt«, sagte Bisy etwas enttäuscht.
»Ist doch praktisch mit den Schildern. Da spart man sich die alberne Suche«, fand Karl-Heinz.
»Aber das ist es doch, was eigentlich Spaß macht«, meinte Nora. Gerade wollten sie sich auf den Weg machen, als eine Klappe in dem Kassenhäuschen aufflog.
»Moin, Leute, ihr wollt bestimmt zum Schatz, richtig?«
Durch die offene Luke im Schneckenhaus strahlte sie ein merkwürdig aussehender Krebs an. Er machte keinen unfreundlichen Eindruck, auch wenn er auf der einen Seite eine bedrohlich große Schere trug.
»J...j...ja richtig. Drei Erwachsene, bitte«, stammelte Bisy, der immer noch nicht glauben konnte, dass plötzlich alles so einfach ging.
Der Krebs riss vier Eintrittskarten ab. »Macht dann zusammen vier Krebstaler.«
»Wieso vier? Wir sind doch nur drei«, sagte Bisy.
»Nix da, Austern gelten für zwei. Die kenn ich, die Sorte«, sagte der Krebs.
»Wucher«, murmelte Bisy und wühlte in seinen Taschen. »Das ist das Letzte, was ich noch habe.«
»Ich muss schließlich auch von was leben«, sagte der Krebs.
»Aber du hast doch den Schatz. Du bist unermesslich reich.«
»Schön wärs«, erklärte der Krebs. »So hatte ich mir das damals

auch vorgestellt, als ich auf dem Flohmarkt für eine alte Schatzkarte mein letztes Geld ausgegeben hatte. Immerhin winkte unendlicher Reichtum. Aber dann wollte mir so ein gieriger, fetter Krebs die Karte klauen. Wir haben lange gekämpft, wie das Piraten so machen. Und dieser Schurke hat die Hälfte meiner Schatzkarte an sich gerissen.«

»Dann bist du dieser Einsiedlerkrebs, von dem uns Käpt'n Olaf der Einscherige erzählt hat?«

»Oh, ihr kennt diesen Halunken? Damals hieß er allerdings noch nicht der Einscherige. Die Schere hab ich ihm nämlich im Kampf abgehauen. Wollt ihr sie mal sehen? Macht zwei Krebstaler extra.«

Bisy und Karl-Heinz lehnten dankend ab, sie hatten ja ohnehin kein Geld mehr in der Tasche.

»Auf meinem Teil der Karte war der Weg zur Insel eingezeichnet, hierherzufinden war also leicht. Aber die genaue Lage des Schatzes war auf dem anderen Teil eingezeichnet. Nun ja, ich hatte viel Zeit, nach dem Schatz zu suchen. Und als ich ihn endlich gefunden hatte, war da dieser grauenhafte schwarz-weiße Drache, der ihn bis heute bewacht. Da ist nichts zu machen, den kann selbst der mutigste Kämpfer nicht besiegen.«
Als Bisy und Karl-Heinz das hörten, hatten sie mit einem Mal allen Mut verloren.
»Dann war also die ganze Reise umsonst«, stöhnte Karl-Heinz und verspürte plötzlich große Sehnsucht nach einer Buchenhecke und einem sehr gemütlichen Sofa.
Der Krebs erzählte weiter: »Nein, nicht ganz umsonst. Ich hatte nämlich DIE Geschäftsidee. Touristen, die dafür zahlen, den Schatz zu sehen. Deshalb stellte ich Schilder auf, baute einen Pfad und sogar eine sichere Beobachtungsplattform. Und was war? Keiner kam. Also hab ich meinen Teil der Schatzkarte x-mal abgezeichnet, in Flaschen gesteckt und ins Wasser geworfen. Anscheinend keine besonders wirkungsvolle Art der Werbung. Ihr seid die Einzigen, die bisher gekommen sind.«
»Und das hätten wir uns auch sparen können«, schluchzte Karl-Heinz. »Einen Schatz nur anzugucken ist wie Essen nur zu riechen. Man kriegt bloß noch mehr Hunger davon.«
»Wenn wir schon dafür bezahlt haben, will ich ihn wenigstens mal sehen«, sagte Bisy.
»Ja, aber der Drache ...«
»Haltet euch an die Schilder, dann passiert euch nichts«, versicherte der Einsiedlerkrebs und wünschte ihnen viel Spaß.

Der schwarz-weiße Drache

Karl-Heinz ächzte, als er die Auster über gewundene Wege, Treppen und Stege zur Beobachtungsplattform hinaufschleppte. Mal ging es in Spiralen um den mächtigen Baumstamm, dann über knorrige Äste, durch kleine Höhlen und immer wieder über steile Stiegen. Während Bisy leichtflügelig nebenherflog.
»Kannst du mich nicht zurückbringen? Eine Auster gehört doch nicht auf Bäume. Schon gar nicht, wenn da ein schatzgieriger Drache lauert«, quengelte Aron.
Doch sie waren bereits auf der Beobachtungsplattform hoch oben in der Baumkrone angekommen. In den gut getarnten Wänden waren Gucklöcher freigelassen und ein Fernrohr mit Münzeinwurf montiert. Unbenutzbar für Bisy und Karl-Heinz, die schließlich ihr letztes Geld für den Eintritt ausgegeben hatten.

Sie sahen ihn trotzdem, den schwarz-weißen Drachen. Majestätisch saß er auf dem Rand seines Nestes, das er sich aus Ästen und Zweigen geflochten hatte, und beobachtete mit scharfen Augen die Umgebung.
»Okay, ich hab ihn gesehen. Das reicht mir, lass uns gehen«, stöhnte Karl-Heinz mit Blick auf das Monster. Und auch die Berge aus Gold und Edelsteinen in dem Nest konnten ihn nicht zum Bleiben animieren. »Den Anblick ertrage ich nicht, das ist doch unser Schatz«, jammerte er. »So ein blöder Drache.«
»Moment mal. Ist das überhaupt ein Drache? Der sieht aus wie eine Elster«, wunderte sich Bisy.
»Meinst du? Ich frag ihn mal«, sagte Karl-Heinz und fing an, ein paar sehr krächzende Töne von sich zu geben.
Prompt kam die Antwort vom Drachen: »Schäck-Schäck.«
»Du hast recht, es ist eine Elster.«
»Woher willst du das wissen?«, fragte Bisy verblüfft.
»Sie hats mir gerade gesagt.«
»Du kannst mit ihr reden?«
»Klar. Ich hatte als zweite Fremdsprache Elsterisch in der Schule«, prahlte Karl-Heinz und gab dann erneut ein paar merkwürdige Laute von sich.
»Kia kjää, kik!«, antwortete die Elster.
»Kjäääää kik kik, Schäck?«, fragte Karl-Heinz.
»Kik kik kik kik kik kjää!«
»Worüber habt ihr geredet?«, wollte Bisy wissen.
»Ich habe sie gefragt, ob sie besonderen Wert auf ihren Schatz legt.«
»Und, was hat sie geantwortet?«
»Dass sie der Schatz eigentlich langweilt.«
»Kik kjäää kik Schäck-Schäck«, krächzte die Elster.

»Und wenn wir etwas hätten, was noch schöner glänzt als all ihr Gold, würde sie gerne tauschen«, übersetzte Karl-Heinz. Sofort wühlten sie in ihren Taschen und fanden eine Murmel, einen alten Metallknopf, drei Büroklammern, eine Glasscherbe und einen Notnagel. Doch nichts von dem glänzte auch nur annähernd so schön wie Gold, so sehr sie das Zeug auch rieben und polierten.

Währenddessen hörten sie abwechselnd Aron und Nora in der Austernschale diskutieren.

»Was willst du denn mit all diesem Kitsch?«, fragte Nora.

»Kitsch nennst du das? Das ist mein Lebenswerk«, entrüstete sich Aron.

»Eine wäre ja okay, meinetwegen auch zwei, aber mittlerweile ist hier alles voll damit. Ich komme mir langsam vor wie die Prinzessin auf der Erbse. Was sage ich, auf tausend Erbsen!«, schimpfte Nora.

»Aber ich tu das doch nur für dich. Damit du im Alter abgesichert bist. Eigentlich sind die alle für dich.«

»Wenn das meine sind, dann kann ich sie den beiden ja geben. Die können sie besser gebrauchen. Außerdem waren sie sehr nett zu uns.«

Aron seufzte schwer und jammerte: »All die Mühe!« Dann öffnete sich die Muschelschale und heraus kullerten die herrlichsten Perlen. »Da, könnt ihr haben«, schluchzte er, klappte die Schale wieder zu und beweinte seinen Verlust.

»Alle, hab ich gesagt«, hörten sie Nora schimpfen und eine letzte Perle kullerte hinterher.
»Sooo schön«, hauchte Bisy, als er all die schimmernden Kugeln aufsammelte. »Fast zu schön, um sie abzugeben.«
»Schäck, kiäää kiä kik kik«, krächzte Karl-Heinz, kletterte mit den Perlen schwer beladen auf einen Ast und balancierte der Elster entgegen.
»Karl-Heinz, bist du noch zu retten. Bleib hier, so ein Vogel ist gefährlich!«, rief Bisy ihm hinterher.
Doch der Spinnerich krabbelte unbeirrt weiter und wenig später sah Bisy ihn mit der Elster plaudern und kichern. Und als Karl-Heinz Stunden später zurückkam, schleppte er eine schwere Schatzkiste. Er selbst war mit Gold und Juwelen behangen und über seinem mittleren Auge prangte die Krone der unendlichen Macht.

Die Krone der Macht

Der Einsiedlerkrebs traute seinen Stielaugen nicht. Als er Karl-Heinz mit der Krone erblickte, kam er samt Schneckenhaus angekrabbelt und warf sich demütig in den Staub. Insgeheim jedoch ärgerte er sich. Das war ja wohl sein Schatz! Diebstahl! Wie sollte er denn jetzt noch Geld verdienen, wenn er den Touristen keinen Schatz mehr zeigen konnte?
»Ruhm und Ehre dem allmächtigen und in seiner unendlichen Weisheit gütigen Großspinnerich. Erweist mir, Eurem ergebensten Untertan, die Ehre, Euch dienen zu müss... dürfen«, faselte der Einsiedlerkrebs.
Karl-Heinz wunderte sich, normalerweise machten sich doch alle über ihn und seine Pantoffeln lustig. »Äh, meinst du mich mit diesem Ruhm und dieser allmächtigen Endlosigkeit und so weiter?«, fragte er verblüfft.
»Ihr tragt die Krone der Macht, gütigster Herr«, wisperte sein Untertan.
Karl-Heinz rückte seine Krone zurecht, die ihm etwas zu groß war und immer wieder über seine Augen rutschte. Doch langsam begriff er. Anscheinend erhob ihn diese Krone auf seinem Kopf zum obersten Bestimmer. Bisy, der daran wohl nicht so recht glaubte, grinste seinen Freund von der Seite an.
»Wenn Ihr mir die Frage gestattet, aber wie ist es Eurer Erlauchtheit gelungen, den schwarz-weißen Drachen zu besiegen?«, fragte der Einsiedlerkrebs.
»Och, wenn man vernünftig miteinander redet, kann man viele Probleme lösen. Man muss nur die gleiche Sprache sprechen«, antwortete Karl-Heinz in seiner unendlichen

Weisheit, noch etwas unsicher, was er mit seiner neu gewonnenen Macht anfangen sollte.
»Vielleicht könntest du deinem Untertan mal befehlen, dass er uns hilft, den ganzen Krempel an den Strand zu schleppen«, schlug Bisy vor und fügte hastig hinzu: »Gutmütiger Herrscher über die Leichtgläubigen, Benützer ... äh, Beschützer der geistig Armen, erhabener Lauch ... äh, erlauchte Erhabenheit.«
Karl-Heinz folgte seinem Rat, auch wenn er etwas verärgert über den respektlosen Ton seines Untertans Bisy war.
»So sei es, ich erweise euch die Ehre, meine Schätze und mein Geschmeide an meinen königlichen Strand zu tragen. Das gilt auch für dich, Bisy.« Würdigen Schrittes ging er voran und hörte hinter sich sein ächzendes und leise fluchendes Gefolge.
Wenig später ließ sich der erhabene König Karl-Heinz der Erste und Einzige auf einem Thron nieder, den seine Untertanen aus Treibgut und Muscheln zusammengebaut hatten.
Sodann befahl er dem Einsiedlerkrebs, allerlei Speisen zuzubereiten, und ernannte Bisy zu seinem persönlichen Kammerdiener, dem die Ehre zukam, seinen gütigen Herrn mit Goldschmuck zu behängen.
Nachdem Karl-Heinz in seiner unendlichen Güte dem Einsiedlerkrebs für den Rest des Tages freigegeben hatte, waren sie endlich wieder allein am Strand. Abgesehen von Aron, der immer noch schluchzte und sich von Nora trösten ließ.
»Das war ein lustiges Spielchen. Dieser einfältige Schneckenhauskrebs scheint wirklich an die Macht der Krone zu glauben«, sagte Bisy und kicherte.
»Du etwa nicht?«, fragte Karl-Heinz verunsichert.
»Komm schon, lass den Quatsch. Gib mir mal die Krone. Ich will auch mal Bestimmer sein.«

Karl-Heinz war schwer enttäuscht. »Dann verleiht sie also doch keine unendliche Macht?«

»Nö, nur an die, die daran glauben«, sagte Bisy und setzte sich die Krone auf. »So, du Lauch. Und nun mach mal den Thron frei und putze deinem erhabenen Herrscher die Schuhe.«

»Das meinst du nicht ernst, oder?«

»Natürlich meine ich das ernst. Sonst macht es doch gar keinen Spaß, König zu spielen.«

»Na gut, grunzgütigste Hohlheit«, sagte Karl-Heinz mit einer tiefen Verbeugung. »Aber danach bin ich wieder dran, ja?«

»Versprochen, immer abwechselnd«, verfügte König Bisy der Geflügelte in seiner milden Güte.

König Karl-Heinz der Erste

Als die Piraten krachend am Strand landeten, war es Karl-Heinz, der gerade wieder die Krone trug und sich als mächtiger Herrscher erweisen musste. Schon von Weitem erblickte die zerstrittene Bande den Schatz, der dort völlig unerwartet am Strand lag. Mit der Fliege und der Spinne, die ihn anscheinend bewachten, würden sie schon fertig werden. Die kannten sie ja bereits. Doch da hatten sie sich gründlich verrechnet. Es war schon beängstigend, wie sie blind vor Gier auf Bisy und Karl-Heinz zugestürmt kamen.

»Auweia, was machen wir denn, wenn die Krone bei denen nicht wirkt?«, krächzte König Karl-Heinz der Erste und Einzige.

Sie wirkte. Kurz vor ihrem Ziel bemerkten die Piraten die Krone auf seinem Haupt und warfen sich um Gnade flehend in den Sand.

»Ich habe euch schon erwartet, niederträchtiges Gewürm«, sprach Karl-Heinz. »Wieso kommt ihr erst jetzt? Wolltet ihr euch vor der Arbeit drücken, ihr elenden Faultiere?«

Bisy musste leise kichern, aber der böse Blick seines Freundes ließ ihn schnell wieder verstummen. Er hatte ja recht, sie mussten ihre Rolle gut und überzeugend spielen, wenn sie nicht auf dem Insektenmarkt landen wollten.

»Habt Erbarmen, oh, alles beherrschender Großmogul, dessen Macht sich vom südlichen Ende dieser Welt erstreckt, da, wo sich bei Regen die Wasser aus dem Rohr ergießen, bis hin zum gigantischen Gartenzaun des Nordens, erhabener Lenker aller Geschicke, der mit nur einem Wimpernschlag das Schicksal des gesamten Universums bestimmt, der ...«

»Genug, du einarmiger Engerling«, gebot Karl-Heinz dem winselnden Käpt'n Olaf dem Einscherigen. »Es reicht, wenn ihr mich ›Allmächtiger und in seiner unendlichen Weisheit gütiger Großspinnerich‹ nennt. Und nun an die Arbeit. Der Strand muss geharkt und dann die Steine nach Farben sortiert werden. Alsdann kümmert ihr euch um die Muschelschalen, mit denen ihr mir zur Ehre jeden Tag ein schönes Muster legen werdet. Und bringt der Auster einen Eimer voll Wasser zum Mittagessen.«

Bisy staunte, wie schnell sich sein guter alter Karl-Heinz in seine Rolle als allmächtiger Herrscher eingefunden hatte. Und die Piraten folgten ohne Widerworte seinen Anweisungen.

»Karl-Heinz, das machst du echt überzeugend«, witzelte er leise.

»Mein Name lautet ›Allmächtiger und in seiner unendlichen Weisheit gütiger Großspinnerich‹«, herrschte König Karl-Heinz ihn an. »Und worauf wartest du noch? An die Arbeit.«

»Du machst Scherze, oder?«, zischte Bisy, nun schon gar nicht mehr amüsiert.

»Ein allmächtiger Herrscher pflegt nicht zu scherzen«, sagte Karl-Heinz und streckte Bisy seine Finger entgegen. »Hier, meine Nägel müssen poliert werden.« Von seinem Thron aus beobachtete König Karl-Heinz das gehorsame Treiben seiner Untertanen.
»Na warte. Wenn ich erst die Krone aufhabe, dann lasse ich ihn jedes Sandkorn einzeln polieren«, raunte Käpt'n Olaf der Einscherige.
»Den werde ich als Außenborder ans Schiff hängen«, wisperte Mos.
»Und ich lass ihn in Unterhosen durch die Brennnesseln laufen«, sirrte Ki.
»Und dann werde ich ... Moment mal, wer sagt denn, dass du die Krone kriegst, Olaf?«, zischte Tos.
»Tut er ja gar nicht. Die krieg natürlich ich«, flüsterte Ragna.
»Na, da haben wir ja wohl auch noch ein Wörtchen mitzureden«, wisperten die drei Moskitos. Und so stritten sie sich wie

gehabt, aber nur ganz leise, damit der erhabene Herrscher nichts davon mitbekam.
Der begutachtete zufrieden seine frisch polierten Fingernägel. »Gut gemacht, Fliege Bisy. Dann erweise ich dir die Ehre, auch noch meine Fußnägel auf Hochglanz bringen zu dürfen.«
»Weißt du was?«, schimpfte Bisy. »Eure übergeschnappte Verräterlichkeit zu Gnadenlos kann mir mal die Flügel runterrutschen.« Mit den Worten warf er dem Allmächtigen seinen kleinen Polierschwamm an die Nase und flog laut schimpfend davon. Allmächtig hin, allmächtig her. So ging man nicht mit seinem besten Freund um. Nicht mal im Spiel.
»Allmächtiger und in seiner unendlichen Weisheit gütiger Großspinnerich. Mit Eurer gütigen Erlaubnis übernehmen wir gerne die Bestrafung dieses unverschämten Untertans«, bot sich Käpt'n Olaf der Einscherige an.
»Habe ich dich aufgefordert zu sprechen? Noch ein Wort und ich lass dich jedes Sandkorn einzeln polieren. Los, weiterarbeiten!«
›Das war doch meine Idee‹, dachte Käpt'n Olaf der Einscherige und platzte innerlich vor Wut. Doch es half nichts, der dicke Spinnerich trug nun mal die Krone und so mussten sie tun, was er ihnen befohlen hatte.
Und auch wenn der Strand nach einer Weile aussah wie der Mosaikboden eines prächtigen Schlosses, saß Karl-Heinz auf seinem Thron und war zutiefst darüber betrübt, was er Bisy angetan hatte.

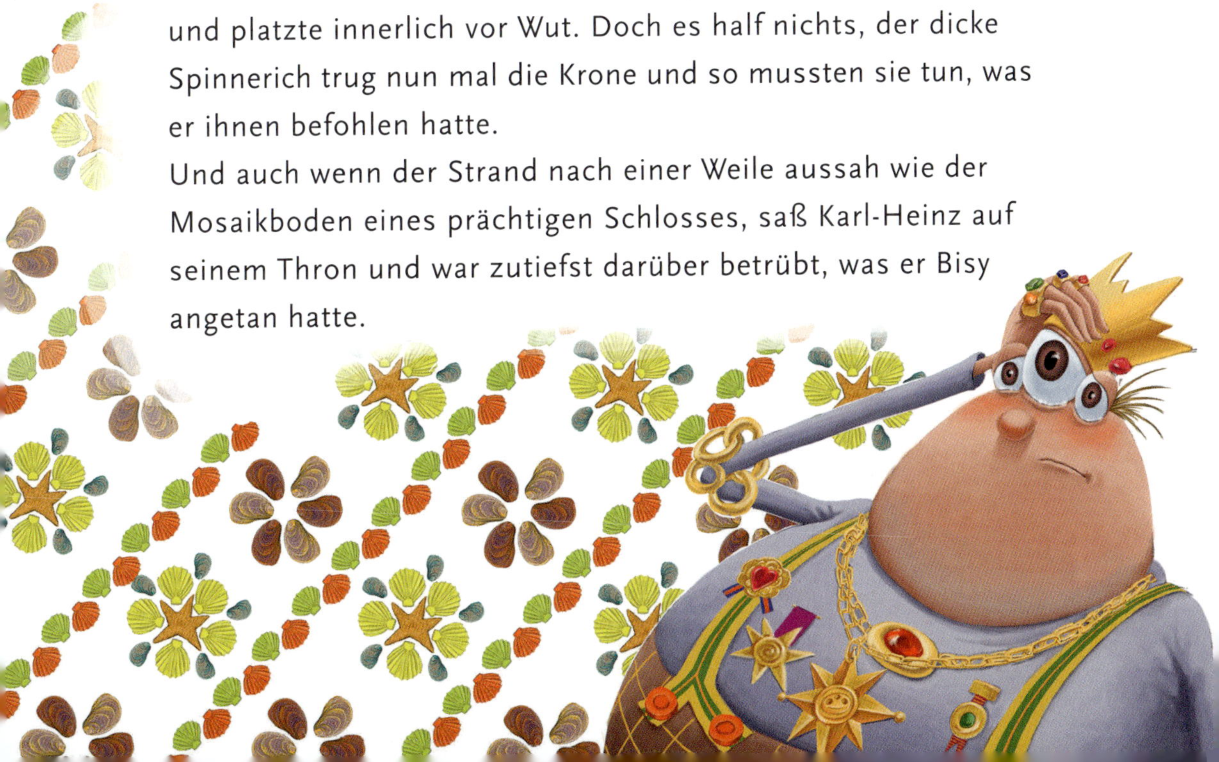

Unendliche Macht

Einsam hockte Karl-Heinz auf seinem Thron und spielte gedankenverloren an seiner goldenen Kette herum. Regieren war ein anstrengendes Geschäft und hatte ihn mottenmüde gemacht. Doch einschlafen durfte er auf keinen Fall. Was, wenn sie ihm im Schlaf die Krone vom Kopf nähmen? Diese alberne Krone. Neben sich hörte er Aron und Nora in ihrer Schale, wie sie sich abwechselnd Geschichten erzählten und immer wieder albern darüber giggelten. Ja, König Karl-Heinz der Erste und Einzige war einsamer als selbst eine Auster.
»Unendliche Macht macht unendlich einsam«, grummelte er. Da war es auch egal, dass die Piraten selbst seinen unsinnigsten Befehlen gehorchten.
»Hört her! Ich, der allmächtige Herrscher, verfüge, dass alle Untertanen von nun an rückwärtsgehen«, rief er und die Piraten folgten seiner Anweisung, bis ihm ein neuer Befehl einfiel.
»Von nun an möge sich jeder Untertan im Purzelbaum fortbewegen.«
Sie gehorchten und kullerten über den Boden, bis ihnen schwindelig und Karl-Heinz des Spiels überdrüssig wurde.
»Schluss damit«, gebot der erhabene Gebieter, nachdem er zu einem Entschluss gekommen war. Er erhob sich von seinem Thron, zog seine Ringe ab und legte seine Ketten, die Orden und das Zepter zurück in die Schatztruhe. Verwirrt starrten die Piraten ihn an.
»Allmächtiger und in seiner unendlichen Weisheit gütiger Großspinnerich, was habt ihr vor?«, wagte es Käpt'n Olaf der Einscherige zu fragen.
»Mein Name ist Karl-Heinz und ich habe keine Lust mehr auf

diesen Blödsinn. Hier, könnt ihr haben. Viel Spaß damit.« Er hob die Krone von seinem Haupt, warf sie mit einem kräftigen Schwung senkrecht in die Höhe und machte schnell ein paar Schritte zurück. Sofort stürzten die Piraten heran. Sie reckten ihre Hände empor, schubsten und knufften sich gegenseitig zur Seite, drängelten und hüpften, denn jeder wollte die Krone erhaschen. Käpt'n Olaf war es schließlich, der sie in seiner Schere hielt.

»Die Krone gehört mir. Ich habe damals die Schatzkarte gekauft«, protestierte der Einsiedlerkrebs und wollte gerade über seinen alten Widersacher herfallen. Doch es war zu spät. Käpt'n Olaf krönte sein Haupt mit der ersehnten Krone und sofort warfen sich alle untertänigst in den Sand. Bis auf Karl-Heinz, der neben der Auster hockte und den ganzen Unfug beobachtete.

»Na, die wechseln hier die Macht so schnell wie unsereins das Geschlecht«, bemerkte Aron, wandelte sich geschwind in Nora und lachte über seinen Witz.

»Oh, allmächtiger und unendlich weiser König, Beherrscher aller Krabben und Garnelen, Bezwinger der Naturgewalten, unerschrockener ...«

»Jaja, schon gut. Schweigt!«, brummte König Olaf gebieterisch. »Und macht Handstand, wenn ihr in meiner Gegenwart seid.« Sofort stemmten sich alle auf ihre Arme und standen kopfüber herum. König Olaf der Einscherige nickte zufrieden. Endlich! Endlich hatte er die Macht über seine Meuter-Mannschaft. Endlich gehorchten sie ihm. Doch dann fiel sein Blick auf Karl-Heinz. »Was ist mit dir, du Pantoffelheld-Spinne? Das war kein Wunsch, das war ein Befehl!«

»Keine Lust«, sagte Karl-Heinz und gähnte. Er hatte die Nase endgültig voll von dieser raffgierigen Bande. »Könnt ihr jetzt bitte diesen Schatz da nehmen und verduften. Ich bin müde und würde gerne schlafen.«

»So eine Unverfrorenheit!«, kreischte König Olaf der Einscherige. Wie konnte jemand seine Macht infrage stellen? »Ergreift diesen Abtrünnigen.«
Die Piraten verharrten weiterhin im Handstand und rührten sich nicht.
»Habt ihr nicht gehört, ihr tauben Seegurken. Ergreift ihn!«
»Edler und allwissender Herrscher. Wir sind untröstlich, aber wie sollen wir ihn ergreifen, wenn wir auf unseren Händen stehen?«
»Ihr hirnlosen Austern, ihr quabbeligen Quallen. Auf die Füße, sofort. Und dann packt ihn euch!«
»Oh, weisester aller allwissenden Weisen. Für wahr eine fantastische Idee«, huldigten ihm die Piraten und schwangen sich auf die Beine.
Nun bekam es Karl-Heinz doch noch mit der Angst zu tun, als sie tatsächlich auf ihn zustürmten. Vergeblich versuchte er, unauffällig seine Pantoffeln abzustreifen. »Wa...wa...wartet mal«, rief er mit zittriger Stimme. »Ich habe eurem Anführer doch eben nicht gehorcht, oder? Obwohl er die Krone aufhat.«
»Stimmt, genauso wenig wie vorher die Fliege dir gehorcht hat«, überlegte Mos laut.
»Dann macht einen diese Krone gar nicht zum allmächtigsten König?«, folgerte Ki.
»Das können wir ja mal ausprobieren!«, rief Tos.
Langsam drehte sich die gesamte Bande um und fiel dann über König Olaf den Einscherigen her.
»Ihr Abtrünnigen, ihr sollt die Spinne ergreifen, nicht mich! Ich bin der allmächtige ...« Weiter kam Käpt'n Olaf nicht, denn schon war ihm seine Krone vom Kopf gerissen worden.
Doch als sie sich das Ding reihum aufgesetzt hatten, mussten

sie feststellen, dass sie einem Irrglauben anheimgefallen waren. Niemand beugte sich noch der angeblichen Macht der Krone. Sofort entbrannten ihre ewigen Streitereien von Neuem, wer was und wie viel vom Schatz abbekommen sollte, worüber sie Karl-Heinz ganz vergaßen. Stattdessen raffte jeder so viel Gold und Geschmeide, wie er tragen konnte, an sich und schleppte seinen Anteil auf die Baunti. Noch lange hörte Karl-Heinz ihr Gezänke über das Wasser hallen und sah das Piratenschiff im Zickzack-Kurs langsam am Horizont verschwinden. Er seufzte, klemmte sich die Auster unter den Arm und machte sich auf die Suche nach seinem verlorenen Freund.

Zurück ins Netz

»Bisy ist bestimmt auf und davon. Für immer. Hätte ich an seiner Stelle auch gemacht«, schluchzte Karl-Heinz. Zutiefst von sich enttäuscht saß er am Strand und versuchte die Tränen zurückzuhalten. Stundenlang hatte er nach Bisy gerufen und gesucht. Vergeblich.

»Sei nicht traurig. Guck uns Austern an, wir kommen doch auch ganz gut mit uns alleine zurecht«, tröstete Nora.

»Ich bin aber keine Auster. Ich bin eine gesellige Spinne«, grummelte er. Dass Spinnen normalerweise ohne Gesellschaft lebten, erwähnte er dabei nicht. »Es war schrecklich gemein von mir, dass er meine Fingernägel polieren musste. So was befiehlt man doch seinem besten Freund nicht. Eigentlich darf man seinem besten Freund gar nichts befehlen«, sagte Karl-Heinz reumütig.

»Wenn du das mal einsiehst«, grummelte Bisy, der unbemerkt herangeflogen war und mit verschränkten Armen auf einem Holzpfahl saß.

»Bisy, wo kommst du denn her? Ich hab dich überall gesucht«, rief Karl-Heinz und machte einen kleinen Hüpfer vor Freude.

»Oh, was sehe ich da? Seine allerfeisteste Ohnmächtigkeit heute mal ohne Krone? Keine Lust mehr zu regieren, oder was?«

»Aber das war doch nur ein Spiel.«

»Ich hatte den Eindruck, dass du das Spiel ziemlich ernst genommen hast. Mich so herumzukommandieren …«

»Das habe ich nur getan, damit die Piraten nichts merken«, verteidigte sich Karl-Heinz. »Na ja und ich gebs ja zu, ein bisschen Spaß hat es mir auch gemacht.«

»Deinen besten Freund, deinen einzigen Freund so mies zu behandeln ... Das hätte ich nicht von dir erwartet.«
»Ich weiß auch nicht, aber irgendwie ist es mit mir durchgegangen. Wer weiß, vielleicht wäre dir das auch passiert, wenn du die Krone aufgehabt hättest, als die Piraten kamen.«
»Vielleicht. Vielleicht auch nicht«, sagte Bisy nachdenklich. Schweigend saßen sie eine Weile da und starrten aufs Wasser.
»Ich weiß, es war ... ich hätte besser ... ich ... ich hab alles vermasselt«, druckste Karl-Heinz herum.
»Ähäm, ich will ja nicht stören und das ist bestimmt auch ganz wichtig und auch gut, wenn ihr euch mal aussprecht«, unterbrach Nora. »Aber könntet ihr mir vielleicht vorher einen Gefallen tun und mich zurück ins Wasser bringen?«
Bisy und Karl-Heinz waren ein bisschen traurig, sich von dem ständig nörgelnden Aron und der ständig jubelnden Nora zu trennen. Aber natürlich erfüllten sie der Auster ihren Wunsch und suchten eine schöne, felsige Stelle am Ufer aus, um sie an einen Stein zu heften. Der perfekte Ort, wie es schien, denn unzählige andere Austern klebten bereits am Felsen und plauderten fröhlich von Schale zu Schale.

»Danke für die superschöntollfabelhafte Weltreise«, sagte Nora. »Da hab ich 'ne Menge zu erzählen hier.«
»Und danke für die Perlen«, sagte Bisy.
»Ich bin froh, dass die ollen Klunker weg sind. Endlich wieder Platz in der Schale«, meinte Nora, die sich kurz in Aron verwandelte und schluchzte: »Meine schönen Perlen. Alle weg. Für nix und wieder nix.«
»Er wird schon drüber wegkommen«, versicherte nun wieder Nora.
Sie versprachen, sich beizeiten mal wieder zu besuchen, und sagten ade.
Zurück am Strand, krempelte Karl-Heinz die Ärmel hoch und sagte: »So, und nun machen wir es uns hier so richtig schön gemütlich.« Er zog ein Knäuel Spinnfäden aus seiner Tasche und knüpfte ein muckeliges Netz zwischen zwei Pfosten. Und anstelle des Sofas hängten sie eine prächtige Austernschale ins Netz. Endlich saßen Bisy und Karl-Heinz in ihrer alten Zweisamkeit in ihrem neuen Zuhause.
»Und du bist mir auch nicht mehr böse, dass ich dich so schlecht behandelt habe?«, fragte Karl-Heinz.
»Wie kommst du denn darauf? Ich bin stinksauer deswegen.«
Karl-Heinz sackte zusammen und guckte wie ein bedröppelter dreiäugiger Dackel.
»Du wirst einiges zu tun haben, das wiedergutzumachen«, sagte Bisy und streckte Karl-Heinz seine Fingernägel entgegen.
»Na, die haben es aber mal dringend nötig«, jubelte der und fing sofort an zu polieren. »Jetzt glänzen sie fast so schön wie der Schatz«, sagte er nach vollendeter Arbeit.
»Den du dann ja mal eben so an die Piraten verschenkt hast, als wären es Karamellbonbons«, stichelte Bisy.

»Karamellbonbons? Das ist meine Lieblingssorte, die hätte ich bestimmt nicht abgegeben«, sagte Karl-Heinz. »Und das mit dem Schatz tut mir leid. Schade um das viele Gold.«
»Stimmt, aber es verdirbt den Charakter, zumindest deinen«, sagte Bisy und grinste seinen Kumpel an. »Ich finds gut, dass du ihn den Piraten überlassen hast. Sollen doch die mit all dem Gold unglücklich werden.«
»Und dir würde ich übrigens schon was von meinen Karamellbonbons abgeben. Schließlich sind wir ja beste Freunde«, sagte Karl-Heinz.
»Allerbeste Freunde sogar. Und mit denen spielt man was?«, fragte Bisy.
»Äh, König und Diener?«
»Falsch. Das haben wir schon genug gespielt«, sagte Bisy und zog zwei Papierzettel hervor. »Mit besten Freunden spielt man *Schiffe versenken*«.

Schatzinsel
Betreten
auf eigene Gefahr!

Kai Pannen studierte Malerei und Film, arbeitete als Illustrator, Trickfilmer und Produzent für Kurzfilme. Heute ist er überwiegend als Autor tätig. Vom Börsenverein des Deutschen Buchhandels wurde er zum Lesekünstler 2017 gekürt. Unter anderem schrieb er den erfolgreichen Weihnachtsbestseller »Du spinnst wohl!«, der im Herbst 2025 zehnjähriges Jubiläum feiert.

3. Auflage 2025

in der Penguin Random House Verlagsgruppe GmbH
Neumarkter Straße 28, 81673 München
produktsicherheit@penguinrandomhouse.de
(Vorstehende Angaben sind zugleich
Pflichtinformationen nach GPSR)
www.tulipan-verlag.de

Text und Bilder: Kai Pannen
Druck: Firmengruppe APPL,
aprinta druck GmbH, Wemding
Printed in Germany
ISBN 978-3-86429-585-0

FSC www.fsc.org
MIX
Papier | Fördert gute Waldnutzung
FSC® C004592

Penguin Random House Verlagsgruppe
FSC ® N 001967

»Grandios lustig!«

Deutschlandradio Kultur

Mehr von Karl-Heinz und Bisy gibt es in sieben weiteren Bänden.

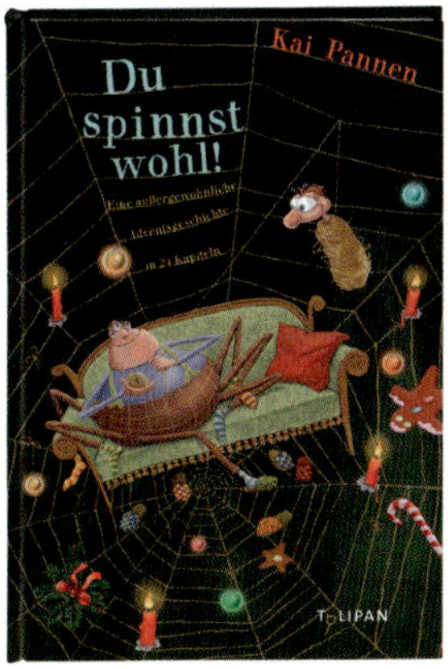